Georg Bätzing/Albert Käuflein/Horst Krahl

Nachgefragt

Georg Bätzing/Albert Käuflein/Horst Krahl

Nachgefragt

Hilfen zum Verständnis des christlichen Glaubens

Paulinus

Danksagung
Für großzügige Unterstützung bei der Drucklegung danken wir dem Erzbischöflichen Ordinariat Freiburg, dem Bistum Limburg und dem Bistum Trier sowie dem Bildungswerk der Erzdiözese Freiburg.

Impressum
Die Deutsche Bibliothek – CIP-Einheitsaufnahme
Die Deutsche Bibliothek verzeichnet diese Publikation in der Deutschen Nationalbibliografie; detaillierte bibliografische Angaben/Daten sind im Internet unter http://www.dnb.ddb.de abrufbar.

© Paulinus Verlag GmbH
Medienhaus im Bistum Trier
1. Auflage 2008
Umschlaggestaltung: Adriana Walther
Druck und Buchbinderei: Krüger Druck+Verlag, Dillingen/Saar
ISBN 978-3-7902-0077-5
www.paulinus.de

INHALTSVERZEICHNIS

Typisch katholisch

Leben und Handeln nach dem Evangelium

Fragen sind erwünscht! Dieses Signal geben das »Konradsblatt« (die Wochenzeitung für das Erzbistum Freiburg), der »Paulinus« (die Wochenzeitung im Bistum Trier) und »der Pilger« (die Kirchenzeitung für das Bistum Speyer) ihrer Leserschaft durch eine eigene Rubrik. Teilweise seit Jahrzehnten gehört es zum Leser-Service, Anfragen Einzelner zum Glauben und zum christlichen Leben aufzugreifen und sie zusammen mit einer theologisch fundierten und seelsorglich ausgerichteten Antwort dem breiten Spektrum der Leserinnen und Leser zugänglich zu machen. Selten bleiben Reaktionen aus: Bestätigung, Widerspruch oder neue Fragen zeigen, mit welcher Aufmerksamkeit die kurzen Beiträge wahrgenommen werden.

Fragen gehören zum Glauben der Christen dazu. Fragen können den Glauben der Einzelnen vertiefen helfen, so wie sie der Kirche insgesamt geholfen haben, das faszinierende und Ehrfurcht gebietende Geheimnis der Offenbarung Gottes in Jesus Christus durch die Jahrhunderte hindurch zu entfalten. Dabei geht es freilich nicht nur um neugieriges Mehr-wissen-Wollen. Ziel des Fragens glaubender Menschen ist es, für sich selbst und für andere auf der Suche nach einem erfüllten Leben einen verlässlichen Weg zu finden. Die »Güte« der Antworten lässt sich am ehesten daran ermessen, ob sie zum Staunen führen und dazu, sich Gottes barmherziger Liebe mit größerem Vertrauen zu überlassen.

So ist es offenbar den Jüngern Jesu ergangen, die als gute »Schüler« ihren Meister mit Fragen nicht verschont haben. Welche Kostbarkeiten verdanken wir ihnen. Hätten sie nicht den Mut aufgebracht, mit der Bitte an Jesus heranzutreten: »Herr, lehre uns beten« (Lk 11, 1), das »Vater unser« wäre uns womöglich nie geschenkt worden. Nach dem Tod ihres Bruders Lazarus lässt Marta nicht mit Fragen von ihrem Freund ab. Sie verwickelt ihn in ein gründliches Gespräch und lockt eine Antwort aus ihm hervor, die ungezählten Menschen zum Anker geworden ist angesichts des Sterbens: »Ich bin die Auferstehung und das Leben. Wer an mich glaubt, wird leben, auch wenn er stirbt, und jeder, der lebt und an mich glaubt, wird auf ewig nicht sterben« (Joh 11, 25–26). »Wie sollen wir den Weg kennen?«, fragt Thomas besorgt, als Jesus von seinem Weggehen spricht – und bekommt zur Antwort: »Ich bin der Weg und die Wahrheit und das Leben; niemand kommt zum Vater außer durch mich« (Joh 14, 6). Philippus erkennt die Gunst der Stunde und fragt gleich weiter nach Gott, dem Vater. Die Antwort Jesu bringt den Kern des christlichen Glaubens sozusagen auf den Punkt: »Schon so lange bin ich bei euch, und du hast mich nicht erkannt, Philippus? Wer mich gesehen hat, hat den Vater gesehen« (Joh 14, 9). Fragen lohnt sich also. Fragen gehören zum Glauben. Fragen sind erwünscht. Als Hilfen zum tieferen Verständnis des christlichen Glaubens legen wir eine Auswahl der in den Kirchenzeitungen veröffentlichten Fragen und Antworten vor. Den interessierten Leserinnen und Lesern wünschen wir in diesem Falle, die Äußerung des irischen Schriftstellers Oscar Wilde möge sich nicht bestätigen: »Fragen sind immer der Mühe wert, Antworten nicht immer.«

Georg Bätzing

Kein Buch mit sieben Siegeln

Die Bibel verstehen I

Ist die Bibel heute noch wörtlich zu verstehen? Braucht man zur Über-
setzung ein Spezial-Lexikon und zum Verstehen der Heiligen Schrift ein
Theologiestudium? Ist die Bibel für Nichtstudierte ein »Buch mit sieben
Siegeln«?

Das Werbelogo zum letzten Jahr der Bibel zeigte ein aufge-
schlagenes Buch. Dahinter steht die Überzeugung, dass Gott sich
in der Heiligen Schrift offenbart, dass Gottes Wort – in Menschen-
worten niedergeschrieben – seine Lebenskraft entfaltet, wenn wir
heute auf die Geschichten hören und auf die Bilder schauen, mit
denen die biblischen Menschen vieler Generationen von ihren
Erfahrungen mit Gott Zeugnis geben. Im Hören auf Gottes Wort
reift und wächst unser Glaube. Darum betont das Zweite Vatikanische Konzil, der Zugang zur Heiligen Schrift müsse für die an
Christus Glaubenden weit offen stehen und sie sollten »gern an den
heiligen Text selbst herantreten« (Dogmatische Konstitution über
die göttliche Offenbarung, Art. 25).
In vergangenen Jahrhunderten hinderte vor allem die mangelnde
Befähigung breiter Bevölkerungsschichten im Lesen und Schreiben
sowie das Fehlen geeigneter Übersetzungen in ausreichender Zahl
den direkten Zugang zur Heiligen Schrift, so dass die Gläubigen
nur durch die Vermittlung in Katechese und Liturgie Bibelkennt-
nisse erlangen konnten. Heute zögern Christinnen und Christen
zum Teil aus Gründen, wie sie in der Leseranfrage zum Ausdruck
kommen, eigenständig und unvoreingenommen zu lesen. Braucht
es nicht Fachwissen, um die Texte der Bibel recht zu verstehen?
Hier gilt es Mut zu machen und gläubiges Selbstvertrauen zu
stärken. Denn neben Offenheit und Aufmerksamkeit als menschlichen Vorbedingungen leitet Gottes Geist, den wir in Taufe und
Firmung empfangen haben, zum rechten Verständnis des Wortes
Gottes an. Er ist der »Exeget« (Ausleger), von dem es im Johan-

nesevangelium heißt, er werde »in die ganze Wahrheit führen« (Joh 16, 13). Derselbe Geist, der in jeder und jedem Getauften wirkt, führt Menschen zur Kirche zusammen und hält sie in der Wahrheit. Darum verhilft insbesondere die Lesung und Auslegung biblischer Texte im Gottesdienst zu einem tieferen Verständnis. Formen der gemeinschaftlichen Bibellesung und des Bibelgesprächs sowie das umfangreiche Angebot kirchlicher Erwachsenenbildung und Bibelarbeit bereichern die persönliche Bibellektüre nicht nur, sondern korrigieren gegebenenfalls eigene Engführungen und Missverständnisse.

Um jedem Leser den Zugang zum biblischen Text zu ermöglichen, braucht es Übersetzungen. Dieser notwendige Vorgang erfordert umfassende Sachkenntnis und ein feinsinniges Sprachgefühl, damit die ursprüngliche Aussageabsicht und Sprechweise möglichst getreu übertragen wird. Ergebnisse wissenschaftlicher Forschungen zur literarischen Form und Entstehung biblischer Texte sowie zu zeitgeschichtlichen und theologischen Hintergründen fließen hier ein und dienen der Erläuterung. Bereits kurze Einleitungen zu den einzelnen biblischen Büchern, wie sie etwa die weithin gebräuchliche »Einheitsübersetzung« kennt, sind für das Textverständnis hilfreich. Ebenso wichtig aber ist der Hinweis, »dass Gebet die Lesung der Heiligen Schrift begleiten muss, damit sie zu einem Gespräch werde zwischen Gott und Mensch« (Dogmatische Konstitution über die göttliche Offenbarung, Art. 25).

GB

Die Bibel verstehen II

Wer entscheidet darüber, ob eine Bibelstelle bildlich oder wörtlich zu verstehen ist?

Die Bibel ist Gottes Wort in menschlicher Sprache. Ihre Auslegung ist nicht nur eine Angelegenheit der Experten. Es gibt eine vom Geist Gottes gewirkte Kompetenz aller Gläubigen. Sie wird durch Taufe und Firmung grundgelegt.

Im Laufe der Geschichte wurde die Interpretation der Bibel unterschiedlich akzentuiert: Das Konzil von Trient bestand gegen die Reformatoren darauf, dass die Heilige Schrift nicht gegen die kirchliche Tradition ausgelegt werden darf. Das Erste Vatikanische Konzil betonte die Unterordnung der Bibel unter das Lehramt. In der Folgezeit erließ die Päpstliche Bibelkommission immer wieder Entscheidungen, wie einzelne Schriftstellen zu verstehen sind. Das Zweite Vatikanische Konzil wiederum hob die Unterordnung des Lehramtes unter die Heilige Schrift hervor. Beides ist richtig: Die Kirche legt die Bibel als Heilige Schrift vor und legt sie aus. Zugleich ist sie selbst an die Heilige Schrift als Wort Gottes gebunden.

Dieses Verhältnis von Bibel und Kirche bzw. Lehramt hat Auswirkungen auf die Auslegung der Heiligen Schrift durch den Einzelnen. Der Einzelne darf und soll in der Bibel lesen und kann sie verstehen, darf seine Auslegung aber nicht gegen die von Theologie und Kirche ausspielen. Die Bibel ist rückgebunden an die Kirche.

Die theologische Tradition unterscheidet nicht nur zwischen einer wörtlichen und einer bildlichen Bedeutung der Bibel: Auf den Theologen Johannes Cassianus († 430) geht die Lehre von einem vierfachen Schriftsinn zurück. Ein lateinischer Merkvers aus dem 13. Jahrhundert fasst sie zusammen: »Littera gesta docet, / quid credas allegoria; // moralis quid agas, / quo tendas anagogia.« (»Der Buchstabe lehrt die Fakten, / die Allegorie, was du glauben sollst; // der moralische (Schriftsinn), was du tun sollst, / die

Anagogie (Erhebung), wohin du streben sollst.«) Am Beispiel des biblischen Begriffs »Jerusalem« erläutert, meint dies Folgendes: Jerusalem kann zunächst wörtlich die Stadt bedeuten, dann allegorisch ein Bild für die Kirche sein, weiter moralisch ein Bild der menschlichen Seele, schließlich anagogisch ein Bild für die himmlische Herrlichkeit. Diese Theorie ermöglicht die Erschließung der Bibel auf verschiedenen Ebenen und ist heute noch von Bedeutung.

Seit der Enzyklika »Divino afflante Spiritu« von Papst Pius XII. aus dem Jahr 1943 empfiehlt die Kirche die so genannte historisch-kritische Methode. Sie fragt wissenschaftlich nach dem Sinn der alt- und neutestamentlichen Texte im Zusammenhang ihrer Entstehungs- und Überlieferungsgeschichte. Für die Auslegung etwa eines Evangeliums gelten andere Regeln als für einen Brief. Es gilt, die Eigenart der Texte zu beachten. »Wörtlich« darf im Übrigen nicht mit fundamentalistisch verwechselt werden.

Wenn Gott in menschlicher Sprache spricht, dann kann dies grundsätzlich vom Menschen erfasst werden. In diesem Sinne kann man Mt 11, 25 als Ermutigung lesen: »In jener Zeit sprach Jesus: Ich preise dich, Vater, Herr des Himmels und der Erde, weil du all das den Weisen und Klugen verborgen, den Unmündigen aber offenbart hast.«

AK

Gott beim Namen rufen

Vom »Namen Gottes« ist die Rede im Vater unser, bei den Zehn Geboten und in vielen Psalmen. Wie ist der Name unseres Gottes? Nirgendwo in der Bibel fand ich diesen Namen, der geheiligt werden soll. Wie sollen wir Gottes Namen ehren, wenn wir ihn nicht kennen?

Unser »Gotteslob« kennt eine Namen-Gottes-Litanei (Nr. 763), in der viele biblische Bilder und Bezeichnungen gesammelt sind, mit denen das Gottesvolk seinen Gott anruft: Lebendiger, Schöpfer der Welt, Licht, Fels, Burg, König, Hirt usw. Unterbrochen wird diese Litanei durch Sätze, die alle diese Aussagen über Gott relativieren. »Gott in tausend Bildern, von denen keines dich beschreibt«, heißt es da, oder: »Gott mit tausend Namen, von denen jeder dich nennt und keiner dich fasst.« Darin kommt der Kern des biblischen Gottesbildes zum Ausdruck, der in der Geschichte der Religionen etwas Einzigartiges und Neues darstellt. Israel erfährt Gott als den, der kein Teil dieser Welt und kein Produkt menschlicher Sehnsucht ist. Die heidnische Götterwelt war als Verlängerung menschlicher Interessen und Bedürfnisse durchschaut worden. Man gab den Göttern Namen und gestaltete ihre Bilder, um durch einen Opferkult und die Ausrufung der Götternamen Einfluss auf sie zu nehmen.

Israel übt Kritik an dieser Gottesvorstellung, denn ein selbstgemachter Gott ist kein Gott. Israels Gott ist der »ganz Andere«, der dennoch nicht ganz unzugänglich und unverständlich bleibt, sondern den Menschen nahe kommt und sich ihnen so mitteilt, dass sie ihn erkennen und an ihn glauben können. Dem Alten und Neuen Testament gilt die Erscheinung vor Mose im brennenden Dornbusch als Schlüsselereignis dieser Offenbarungsgeschichte (vgl. Ex 3, 1–4, 17; Mk 12, 26). Der »Gott Abrahams, der Gott Isaaks und der Gott Jakobs« (Ex 3, 6) offenbart seinen Namen: JHWH (Ex 3, 14). Mit diesen vier Konsonanten wird der Gottesname im Alten Testament bezeugt. Sucht man nach einer Übersetzung, dann ist die angemessene Wiedergabe: »Er ist da«. Nähe und Unbegreiflichkeit Gottes spiegeln sich darin zugleich. Gott zeigt sich. Er offenbart sich als der, der in der Geschichte handelt, der sein Volk führt und ihm die Freiheit schenkt. Doch bei allem bleibt er geheimnisvoll verborgen, über alles Begreifen erhaben. Er lässt sich nicht für irgendwelche Zwecke von Menschen benutzen. Gott hat keinen »Vornamen«, mit dem man ihn beschreiben und dingfest machen könnte. Um der Unverfügbarkeit Gottes angemessen zu begegnen, vermeiden die Frommen Israels bis heute die Aussprache des heiligen Gottesnamens JHWH und ersetzen ihn durch einen der drei folgenden Begriffe: Adonai (Herr), Elohim (Gott) oder durch das hebräische Wort für »Name«.

»Wie sollen wir Gottes Namen ehren, wenn wir ihn nicht kennen?«, fragen Sie. Wahre Ehrfurcht wird die Unverfügbarkeit Gottes achten und nicht zu lüften versuchen. Andererseits hat Jesus uns gelehrt, Gott mit einem Namen zu benennen, der seine Zuwendung und Nähe einzigartig zum Ausdruck bringt. Wir dürfen »Vater« sagen (Mt 6, 9; Lk 15, 11–32), wie es auch schon im Alten Testament (vgl. Ps 89, 27) bezeugt ist.

GB

Bilder von Gott

Im Buch Exodus 20, 4 ist als eines der Zehn Gebote aufgeführt: »Du sollst dir kein Gottesbild machen.« Wie sind dann die Malereien zu verstehen, die sich in vielen Gotteshäusern finden und die Gott als einen alten Mann mit Bart darstellen?

Von heidnischen Völkern umgeben und beeinflusst, lebte das Volk Israel in der Versuchung, die Götter seiner Nachbarn zu übernehmen und von Jahwe, dem Gott der Väter und der Befreiung, abzufallen. Das Besondere am Jahweglauben besteht darin, dass Jahwe ein mitgehender Gott ist; er lässt sich nicht wie heidnische Götter auf bestimmte Orte wie Berge, Flüsse, Bäume oder Tempel festlegen. In seinem Volk ist er gegenwärtig, nicht in Götterstatuen und Tierbildern. Vor allem aber lässt er sich nicht manipulieren.

In der antiken Welt sah man eine Beziehung zwischen dem Bild und dem abgebildeten Wesen. Wer demnach glaubte, die Gottheit sei in ihrem Bild gegenwärtig, der versuchte, mit Hilfe des Bildes Einfluss oder sogar Macht über sie zu gewinnen. Auch der Tanz um das Goldene Kalb, das wohl eher einen kraftstrotzenden Stier darstellte, war der Versuch, sich Gott verfügbar und handhabbar zu machen. Streng verbietet das alttestamentliche Gebot kultische Bilder des zu verehrenden Gottes, seiner dienstbaren Wesen und ihm untergeordneter Mächte, damit die Israeliten gar nicht erst versuchen, über Jahwe wie über einen Handlanger zu verfügen.

Gott ist nicht in toten Statuen gegenwärtig. Er offenbart seinen Namen und begleitet die Wege seines Volkes. Nach dem Neuen Testament offenbart sich Gott in Jesus Christus, dem »Ebenbild des unsichtbaren Gottes« (Kol 1, 15). Jesus spricht von Gott als seinem Vater. »Wer mich gesehen hat, hat den Vater gesehen«, sagt er (Joh 14, 9). Mit dem Begriff »Vater« verbindet sich eine bestimmte Vorstellung von Gott. Das mag Künstler beeinflusst haben, Bilder von Gott zu malen: einen alten Mann mit Bart.

Keinesfalls zeigen die Bilder, wie Gott aussieht. Sie können eher unsere Phantasie verleiten, uns ein bestimmtes Bild von Gott zu machen. Heidnisch wäre es und ein schlimmer Aberglaube zu meinen, von Bildern und Statuen ginge eine magische Kraft aus, oder man könne sich mit ihrer Hilfe Gott dienstbar machen. Das alttestamentliche Bilderverbot halte ich als eine Mahnung zur Vorsicht im Umgang mit Gottesbildern auch heute für aktuell.

Der Mensch, geschaffen nach dem Bild Gottes (vgl. Gen 1, 27), ist ebenfalls ein Bild Gottes, wenn auch ein unvollkommenes; er repräsentiert Gott, ist offen für Gott und sein Wort, neu gestaltet nach dem Bild Jesu Christi und geprägt vom Geist Gottes.

HK

Vater und Mutter ehren

Gilt das vierte Gebot »Du sollst Vater und Mutter ehren« in jedem Fall – etwa auch dann, wenn ein Kind von einem Elternteil misshandelt worden ist? Bezieht sich das Gebot nur auf die leiblichen Eltern oder auch auf Adoptiveltern?

Die Zehn Gebote sind im Alten Testament zweimal überliefert: in Ex 20 und in Dtn 5. Beide Fassungen weichen auch beim vierten Gebot etwas voneinander ab. In Ex 20, 12 steht: »Ehre deinen Vater und deine Mutter, damit du lange lebst in dem Land, das der Herr, dein Gott, dir gibt.« In Dtn 5, 16 heißt es: »Ehre deinen Vater und deine Mutter, wie es dir der Herr, dein Gott, zur Pflicht gemacht hat, damit du lange lebst und es dir gut geht in dem Land, das der Herr, dein Gott, dir gibt.«

Die Zehn Gebote sind, von den Psalmen abgesehen, im Alten Testament der wohl wichtigste Text für die Christen. Es handelt sich um eine Zusammenstellung von religiösen und ethischen

Geboten. Sogar über das Christentum hinaus wird auf den Dekalog zurückgegriffen.

Die Zehn Gebote sind, wie es der Theologe Fulbert Steffensky
einmal formuliert hat, »Anweisungen für das Land der Freiheit«:
Die Israeliten waren herausgeführt aus Ägypten, dem Land der
Knechtschaft. Sie waren noch nicht im Land der Freiheit, aber auf
dem Weg dorthin.

Der Dekalog (die Zehn Gebote) hält, über seinen ursprünglichen
Adressatenkreis hinaus, den Menschen vor, was sie vor Gott tun
oder lassen sollen und wie sie sich gegenüber dem Mitmenschen
verhalten sollen. Die Zehn Gebote fanden als einziger alttestamentlicher Text Eingang in Luthers Katechismus. Bis heute fungiert
der Dekalog als Ordnungsprinzip für die Spezielle Moraltheologie,
so auch im Katechismus der Katholischen Kirche oder im zweiten
Band des Katholischen Erwachsenen-Katechismus. Bei den einzelnen Geboten müssen wir zwischen der ursprünglichen Bedeutung
und der weiteren Entfaltung und Entwicklung unterscheiden.

Das vierte Gebot ist innerhalb des Dekalogs hervorgehoben: Es
steht sogar noch vor dem Tötungsverbot. Es ist das letzte Gebot
mit eigener Begründung. Es befindet sich gleichsam zwischen den
religiösen und den ethischen Geboten.

Inhaltlich fordert es ursprünglich nicht die Kinder zum Gehorsam
auf, sondern es schützt die alt gewordenen Eltern. Wie bei anderen
Geboten ist gegenüber älteren Parallelstellen eine Tendenz zur
Verallgemeinerung zu beobachten. Trotz patriarchalischer Verhältnisse ist von Vater und Mutter die Rede.

Das hebräische Verb »kbd« (schwer machen / sein lassen), das mit
»ehren« übersetzt wird, schließt die materielle Versorgung mit ein,
eventuell schwingt eine religiöse Bedeutung mit. Das heißt, das
Gebot fordert die erwachsenen Kinder zur Achtung, zum Respekt,
zur Ehrfurcht gegenüber den Eltern auf und verpflichtet sie zur
materiellen Versorgung, dies freilich in einer Zeit, als es noch keine
Altersversorgung in heutiger Form gab. Erst im Neuen Testament

und danach fand eine Umdeutung des Gebots auf den Gehorsam gegen die Eltern statt.

Das vierte Gebot bezieht sich zunächst auf die leiblichen Eltern. Wir dürfen es aber auch auf die Adoptiveltern übertragen. Die Verpflichtung zur Sorge für die Eltern kann allenfalls aus ganz schwerwiegenden Gründen eingeschränkt werden. Ob und inwieweit das in dem von Ihnen genannten Fall (Misshandlung) so ist, kann nur unter Betrachtung der besonderen Umstände entschieden werden.

AK

Kriminalgeschichten im Alten Testament

Das Alte Testament enthält viele Geschichten, die wie Kriminalgeschichten ablaufen – vom kleinen Diebstahlsdelikt bis zum staatlich geplanten Massenmord. Verweist die Bibel mit solchen Geschichten auf die Macht und das heilschaffende Wirken Gottes?

Die Bibel zeichnet ein nüchternes Bild vom Menschen und verschweigt seinen Hang zu Unrecht, Betrug und Gewalt nicht. Schon die biblische Urgeschichte, die vom Wesen des Menschen handelt, gesteht ein, dass er von Anfang an »böse« ist (vgl. Gen 8, 21): Er nimmt sich rücksichtslos, was ihm gefällt (Gen 3), er bringt den Konkurrenten heimtückisch um (Gen 4), durch seine Gewalttaten pervertiert er die Schöpfung Gottes, die als Lebensraum für alle gedacht ist (Gen 6). Auch die Geschichte der Völker und Staaten ist in der Sicht der Heiligen Schrift weithin eine Abfolge von Unterdrückung und Zerstörung, von Krieg und Terror; und Israel, Gottes eigenes Volk, ist in diese Gewaltgeschichte verstrickt, oft als Opfer, aber auch als Täter. Selbst große biblische Gestalten sind in ihrem Verhalten keineswegs vorbildlich: Mose erschlägt im Zorn einen Ägypter (Ex 1, 11f.), David will seinen Ehebruch vertuschen

(2 Sam 11), und Elija lässt im Übermut die Propheten des Baal ab-
schlachten (1 Kön 18). Hier werden die innere Widersprüchlichkeit
und Gebrochenheit deutlich, die einen mühsamen Lernweg des
Menschen mit Gott erfordern.

Das Interesse der biblischen Autoren beschränkt sich allerdings
nicht darauf, die bedrückenden Zustände detailgetreu zu schildern.
Sie sind an der Frage interessiert, wie es zu all dem kommt. Gott
hat in die Schöpfung einen Plan hineingelegt und es ist die Bestimmung des Menschen, dieser göttlichen Ordnung zu entsprechen.
Darüber hinaus hat Gott dem Volk Israel seinen Willen offenbart,
d.h. im Gesetz (der Tora) deutlich gemacht, was der besonderen
Erwählung und Gottesbeziehung Israels entspricht. Wer dieses entsprechende Verhalten und Tun zeigt, handelt »gerecht«. Wer sich
ihm widersetzt, ist ein Sünder, dessen Ungerechtigkeit die gott-
gewollte Ordnung stört – was für andere und für ihn selbst schlim-
me Folgen hat. Die Weisen sind überzeugt, dass Gerechtigkeit vor
dem Tod rettet (Spr 10, 2) und Leben schenkt, Gewalttat aber die
Lebenskraft raubt (Spr 11, 30).

Deshalb mahnen die Propheten eindringlich: »Wascht euch, reinigt
euch! Lasst ab von eurem üblen Treiben! Hört auf, vor meinen
Augen Böses zu tun! Lernt, Gutes zu tun! Sorgt für das Recht!«
(Jes 1, 16f.). Die Umkehr zu Gott ist die Voraussetzung, um Bosheit
und Gewalt zu überwinden. Um die Menschen mit der zerstörerischen Macht des Bösen zu konfrontieren und sie zur Umkehr zu
bewegen, kennt das Alte Testament auch solche Stellen, die von der
»Gewalt Gottes« im Kampf gegen das Böse und das Chaos sprechen. Sie sind schwer zu deuten und werden leicht missverstanden.
In letzter Konsequenz besagen sie, dass Gott allein die Macht behält
– er, der kommen wird, die Lebenden und die Toten zu richten.
Deshalb dürfen diese Texte nie menschliche Gewalt legitimieren,
sondern fordern mit Blick auf das ausstehende Gericht geradezu
den Gewaltverzicht. Gottes Gericht steht aber in der Spannung von
Gerechtigkeit und Barmherzigkeit, wobei das Alte wie das Neue

Testament gleichermaßen davon überzeugt sind: Das letzte, entscheidende Wort Gottes über Mensch und Schöpfung ist seine rettende Liebe.

Wenn Gott zürnt I

Etliche Stellen im Alten, aber auch im Neuen Testament sprechen vom Zorn Gottes. Teils wird in drastischen Bildern beschrieben, wie Gott Menschen Strafen und Untergang androht. Wie ist das mit unserem Glauben an einen Gott der Liebe und der Menschenfreundlichkeit vereinbar? Würde man solche Stellen nicht besser aus der Bibel streichen?

Ihre Frage ist berechtigt, denn die Aussagen über Gottes Zorn im Alten und im Neuen Testament spiegeln eine Gotteserfahrung wider, die nicht ohne Mühe mit seiner Liebe und gütigen Zuwendung zu uns Menschen vereinbar ist.

Nach alttestamentlicher Sicht greift Gott nicht nur aus kühler Distanz und vernünftiger Überlegung mit Strafe ein, wenn Menschen schuldig werden, sich verfehlen und Verbrechen begehen. Er straft in seinem Zorn. In ihm kämpft er gegen sein Volk (Jer 21, 5), schlägt es (Jes 60, 10), reißt es aus seinem Land und versprengt es unter die Völker (Jer 32, 37). Durch Gottes Zorn bleibt Babel unbewohnt (Jer 50, 13). Vor ihm erbebt die Erde (Jer 10, 10). Er zürnt Israel wegen des Murrens in der Wüste (Dtn 1, 34). Sein Zorn richtet sich gegen die Völker, weil sie sich in falscher Sicherheit wiegen (Sach 1, 15). Im Psalm sieht der Beter Gottes Zorn auf sich lasten und bittet, der Herr möge ihn nicht strafen (Ps 38, 2). Und selbst Jesus gerät in Trauer und Zorn über das verstockte Herz der Pharisäer (Mk 3, 5). Wegen des Unglaubens sieht er den Zorn Gottes über das Volk kommen (Lk 21, 23).

Nur scheinbar besteht allerdings ein Gegensatz zum unbedingten Heilswillen Gottes, denn Gottes Zorn wird provoziert, wenn sein Volk mit ihm bricht und anderen Göttern dient; wenn der Bund, den Gott zum Wohl der Menschen gewährt, verletzt wird; wenn Menschen sich überheblich von ihm abwenden und den ablehnen, den er in seinem Erbarmen als Retter und Heiland gesandt hat. Wenn das Volk seinen Gott vergisst und seine Liebe verachtet, dann entbrennt sein Zorn. Das aber bedeutet: Gott zürnt nicht willkürlich oder aus einer Laune heraus. Vielmehr zeigt seine Reaktion, dass er persönlich engagiert ist, dass es ihm Ernst ist mit seinem Heilswillen und seinem Widerwillen gegen alles Böse. Wer es mit Gott zu tun bekommt, der hat kein harmloses Gegenüber, sondern einen Partner, der in seiner Liebe leidenschaftlich handelt und um die freie und gläubige Zustimmung der Menschen ringt. Mit seiner Heiligkeit lässt er nicht spielen.

Sein Zorn ist keine Eigenschaft Gottes wie Liebe, Gnade und Gerechtigkeit. Er ist sozusagen die Kehrseite von Gottes Huld, die passionierte Konsequenz seiner Treue zu uns Menschen, die verhüllte Seite seines Wesens. Menschen, die sich von Gott abwenden und sich selbst in gottferne Welten begeben, können ihn von ihrer Seite her nur als zornig erfahren. Insofern behält die Gottesverkündigung im Alten und im Neuen Testament ihre Eindeutigkeit und gerät nicht in Widersprüche. Gott begegnet den Sündern mit verzeihender Liebe. Die Aussagen über seinen Zorn zielen nicht auf Zerstörung, sondern wollen Menschen zur Einsicht in ihr Fehlverhalten, zu Umkehr und Glauben führen. Darum schiebt er langmütig seinen Zorn hinaus (Ex 34, 6f.), darum zürnt er nicht für immer (Jes 57, 16) und verspricht sogar, es nie mehr zu tun (Jes 54, 9). Da aber alle Menschen, auch die Gläubigen, in Sünde verstrickt bleiben, behält die Thematik des göttlichen Zornes auch weiterhin ihren Ernst und ihre Aktualität.

GB

Wenn Gott zürnt II

Stimmt es, dass Gott im Alten Testament als der zürnende Gott, im Neuen Testament dagegen als der gütige Gott dargestellt wird?

In dieser einfachen Gegenüberstellung stimmt es nicht. Gleichwohl ist es richtig, dass manche Aussagen des Alten Testaments schwierig zu verstehen sind. Bisweilen ist in einer sehr menschlichen Weise von Gott die Rede. Einige Auskünfte der Bibel über Gott stehen in einer Spannung zueinander. Zu bedenken ist, dass Offenbarung ein geschichtlicher Vorgang ist. Das, was offenbart wird, muss in einer Weise mitgeteilt werden, dass es die Adressaten verstehen können. Sowohl im Alten wie im Neuen Testament ist von einem zürnenden Gott und von einem gütigen Gott die Rede.

Der Zorn Gottes ist im Alten Testament ein Ausdruck seines Engagements, seines Eifers. Ein solcher Zorn muss kein Widerspruch zur Liebe sein. Eltern können ihre Kinder lieben und ihnen zugleich zürnen. Gottes Zorn ist die Reaktion auf den Ungehorsam der Menschen. Er richtet sich vor allem gegen Israel. Die Propheten drohen immer wieder mit dem göttlichen Zorn und mahnen zur Umkehr.

Das Zürnen Gottes kann sich im Alten Testament ebenso gegen die Heiden wenden. Während in den frühen Schriften dieser Zorn eher innerweltlich verstanden wird, bezieht es sich in den späteren Texten mehr auf das Gericht am Ende der Geschichte.

Im Neuen Testament begegnet einem ebenfalls der Zorn Gottes. Bei Paulus etwa steht er für das Jüngste Gericht. Nur der Glaube vermag daraus zu retten. In der Offenbarung des Johannes werden der Zorn und das Gericht Gottes eindrücklich beschrieben.

Andererseits erscheint schon im Alten Testament Gott als ein gütiger und liebender Gott. Gott erschafft die Welt und den Menschen. Aus Liebe erwählt er sich ein Volk und wendet sich ihm zu, schließt sogar einen Bund mit ihm.

Der Glaube an einen gütigen Gott greift im Laufe der Offenbarung immer mehr Raum. In Leben, Tod und Auferweckung Jesu Christi wird die Liebe Gottes endgültig offenbar. Insofern gibt es hinter die Aussage des ersten Johannesbriefs, dass Gott die Liebe ist, kein zurück.

Das Alte und das Neue Testament sollten nicht gegeneinander ausgespielt werden. Beide sind Heilige Schrift, göttliches Wort in menschlicher Sprache. Daraus ergibt sich, dass manches unvollkommen formuliert ist.

AK

Alter und neuer Bund

Sind die Christen der »heilige Rest« Israels, mit dem Gott einen »neuen Bund« geschlossen hat? Was ist dann mit dem alten Bund, den Verheißungen, dem »gelobten Land«, dem »auserwählten Volk«? Gibt es alttestamentliche Verheißungen, die von Jesus Christus (noch) nicht erfüllt sind?

Das Alte Testament kennt eine Reihe von Bundesschlüssen (Noach, Abraham, David). Im Mittelpunkt steht allerdings der Bund, den Gott mit dem Volk Israel am Sinai geschlossen hat. Aus der Tatsache, dass Gott so gehandelt hat, erwächst die Hoffnung, dass Gott in gleicher Weise in der Gegenwart und in der Zukunft handelt. Die Ereignisse der Vergangenheit – der Auszug aus Ägypten, die Landnahme, der Bundesschluss, der Tempelbau – werden sich, so die Erwartung, in gesteigerter Form in der Zukunft wiederholen. So kann etwa der Prophet Jeremia formulieren, dass Gott am Ende der Tage mit Israel einen neuen Bund schließen wird (31, 31). Dann werden, wie es bei Jesaja (2, 1–5) heißt, alle Völker den Gott Israels anerkennen und es wird ewiger Friede herrschen. Der Bund zwischen Gott und Mensch ist keine Vereinbarung zwischen gleichen Partnern. Vielmehr wird der Bund von Gott gewährt. Er ist und bleibt der Herr des Bundes. Dazu passen auch die Zehn Gebote, auf die Gott durch den Bund die Israeliten verpflichtet. Dieser hier nur angedeutete Bundesglaube ist der Glaube, in dem Jesus gelebt hat. Er ist Juden und Christen gemeinsam. Für die Christen kommt die Überzeugung dazu, dass Gott in Jesus Christus bereits den neuen Bund gestiftet hat. Er ist der im Alten Testament verheißene Messias. Die vollständige Erfüllung aller Verheißungen erwarten wir bei seiner Wiederkunft am Ende der Zeiten, insofern sind noch nicht alle Verheißungen (vgl. etwa die zitierte Jesajastelle) erfüllt.

Der alte Bund ist durch den neuen Bund in Jesus Christus nicht aufgehoben. Paulus reflektiert dies ausdrücklich im elften Kapitel seines Briefs an die Römer: »unwiderruflich sind Gnade und Berufung, die Gott gewährt«, heißt es dort (11, 29). In diesem Kapitel ist auch vom »Rest Israels« die Rede, aber ebenso davon, dass ganz Israel gerettet werden wird, »wie es in der Schrift heißt« (11, 26).

Der »Rest Israels« ist im Alten und Neuen Testament ein vielfältig verwendeter Begriff. Er kann eine prophetische Strafandrohung sein, in dem Sinn, dass nur ein Rest übrig bleiben wird. Er kann ebenso eine Heilsverheißung bedeuten, etwa wenn den Verbannten im babylonischen Exil in Aussicht gestellt wird, dass ein Rest heimkehren wird. Nach und nach bekommt der Begriff »Rest« eine immer mehr endzeitliche Bedeutung. Der Messias, so die Erwartung, wird einen »Rest« retten. Paulus greift diesen Gedanken in dem zitierten Kapitel des Römerbriefs auf.

Im Laufe der Geschichte Gottes mit den Menschen setzte sich immer mehr die Überzeugung durch, dass Gott das Heil aller Menschen will. Und was Gott will, das kann er durchsetzen. Dabei respektiert er freilich die Freiheit des Menschen. Der alte Bund ist ein Heilsangebot an das auserwählte Volk. Der neue Bund steht allen Menschen offen.

AK

Jesus hat wirklich gelebt

Hat Jesus von Nazaret wirklich gelebt? Gibt es auch außerbiblische Zeugnisse über sein Leben?

Für die historische Rückfrage nach Jesus sind wir auf die Schriften des Neuen Testamentes angewiesen, insbesondere auf die vier Evangelien. Sie stellen die weitaus wichtigste Quelle für das Leben und Wirken Jesu dar. In den Evangelien sind Glaubenszeugnis und geschichtlicher Bericht eng miteinander verbunden. Aus der Perspektive des österlichen Glaubens an den auferstandenen Herrn Jesus Christus zeichnen sie ein Gesamtporträt, in dem Jesu Verkündigung und Lehre, seine Heilungen und Wundertaten, sein Wirken in der Öffentlichkeit und seine Unterweisung der Jünger zu einer Einheit zusammenfließen. »Es ist keine Photographie des geschichtlichen Jesus, sondern ein Gemälde, das mehr und Tieferes von ihm erkennen lässt« (Rudolf Schnackenburg). Der historische Jesus ist in das gläubige Bekenntnis zu Jesus Christus eingebunden. Dennoch ist ein Interesse an der Geschichte Jesu offenkundig. Unter Würdigung der wichtigsten Ergebnisse der modernen Jesusforschung hat das Zweite Vatikanische Konzil erklärt: Die Kirche »hält daran fest, dass die vier genannten Evangelien, deren Geschichtlichkeit sie ohne Bedenken bejaht, zuverlässig überliefern, was Jesus, der Sohn Gottes, in seinem Leben unter den Menschen zu deren ewigem Heil wirklich getan und gelehrt hat« (Dogmatische Konstitution über die göttliche Offenbarung, Art. 19).
Daneben gibt es auch außerbiblische Zeugnisse über Jesus. Sie entstanden allerdings später als die ersten drei Evangelien, sind spärlich, wenig ergiebig und von der christlichen Überlieferung abhängig. Offenbar hat man Jesus in der griechisch-römischen Welt zunächst so gut wie gar nicht zur Kenntnis genommen.
Der römische Geschichtsschreiber Tacitus (um 55–116 n. Chr.) bringt den Brand Roms unter Nero mit den »Chrestianos« in

Verbindung und spricht in diesem Zusammenhang von Christus, »der unter der Herrschaft des Tiberius auf Veranlassung des Prokurators Pontius Pilatus hingerichtet worden war«. Ist hier immerhin der Hinrichtungstod Jesu historisch bezeugt, so bleibt die Notiz Suetons (geb. um 70 n. Chr., Todesdatum unbekannt) vage: Er berichtet von der Vertreibung der Juden aus Rom durch Kaiser Claudius, die erfolgt sei, weil die Juden »von Chrestos aufgehetzt, fortwährend Unruhe stifteten«. Ebenso undeutlich ist Plinius der Jüngere (um 61–113 n. Chr.), der Kaiser Trajan meldet, dass sich die Christen an einem bestimmten Tag versammeln, »um Christus als ihrem Gott einen Wechselgesang zu singen«. Höchst umstritten ist die Erwähnung Jesu im großen jüdischen Geschichtswerk des Josephus Flavius (um 37–100 n. Chr.), weil man heute vermutet, dass die ursprüngliche Notiz später christlich überarbeitet wurde. Eine vom arabisch-christlichen Geschichtsschreiber Agapios von Hierapolis im 10. Jahrhundert überlieferte Version könnte dem ursprünglichen Text nahe kommen: Danach war Jesus ein weiser Mann, der zahlreiche Jünger hatte und von Pilatus gekreuzigt wurde; »aber diejenigen, die seine Jünger geworden waren, gaben seine Jüngerschaft nicht auf und erzählten, dass er ihnen drei Tage nach der Kreuzigung erschienen sei.« Hinweise auf Jesus in der rabbinischen Literatur werden heute in ihrem Wert stark angezweifelt. Kein ernsthafter Forscher wird jedoch bestreiten, dass Jesus wirklich in Palästina gelebt hat und um das Jahr 30 n. Chr. unter dem römischen Statthalter Pontius Pilatus in Jerusalem am Kreuz gestorben ist.

GB

Weltbilder im Wandel

Jesus kannte als Mensch nur das Weltbild seiner Zeit. Ist es nicht heute angesichts vieler Entdeckungen und neuer Erkenntnisse eine dringende Aufgabe für Theologie und Lehramt, das von den Naturwissenschaften gewonnene Neuland im Geiste Jesu zu »kultivieren« und für den Glauben nutzbar zu machen?

Jeder Mensch hat ein Weltbild, d.h. , eine mehr oder weniger ausdrückliche Vorstellung von der Gesamtwirklichkeit. Das jeweilige Weltbild hängt mit dem Wissen um die Natur zusammen. Und es kann religiöse Elemente enthalten.

Sie haben Recht: Jesus kannte als Mensch nur das Weltbild seiner Zeit. Dieses ist für uns im Alten Testament greifbar. Die Welt wird darin in drei Schichten gedacht: Himmel, Erde und unterirdischer Bereich. Der Himmel ist eine Art Gewölbe, er trägt Sonne, Mond und Sterne und ist der Aufenthaltsort Gottes. Die Erde ist eine Scheibe. In dem Bereich darunter führen die Toten ein Schattendasein. Die religiöse Dimension dieses Weltbildes besteht darin, dass Gott die Welt nicht nur geschaffen, sondern auch ihre Geschichte stets in der Hand hat.

Bis in das Mittelalter hinein schien es selbstverständlich, dass unsere Erde der Mittelpunkt der gesamten Schöpfung sein musste. Als theologische Begründung wurde dafür die Menschwerdung Gottes auf eben dieser Erde angeführt. Aus diesem Grund hatte es auch das heliozentrische Weltbild (mit der Sonne als Mitte unseres Planetensystems) lange Zeit schwer sich durchzusetzen. Heute wissen wir, dass unser Sonnensystem nur ein winziger Teil eines sehr viel größeren Ganzen ist.

Heutige Theologie respektiert die Autonomie naturwissenschaftlichen Forschens. Die modernen Naturwissenschaften treten in der Regel nicht mit dem Anspruch auf, eine vollständige Erklärung der Gesamtwirklichkeit zu liefern. Eine naturwissenschaftliche

Gesamtdeutung der Welt scheint im Übrigen nach den Erkenntnissen der Quantenphysik nicht mehr möglich. Es existieren in der Natur Prozesse, die nicht ursächlich erklärbar und vorhersagbar sind. Der Paderborner Naturwissenschaftler und Theologieprofessor Dieter Hattrup hat dazu ein lesenswertes wie anspruchsvolles Buch geschrieben »Der Traum von der Weltformel«.

Theologie, die auf der Höhe der Zeit ist, führt einen Dialog mit den Naturwissenschaften. Diese entwickeln aus jeweils einer bestimmten Perspektive Modelle für Teilbereiche der Wirklichkeit. Der Theologie dagegen geht es um ein Bild des Ganzen. Insofern kann zwischen beiden kein Widerspruch bestehen.

Viele große Naturwissenschaftler sind gläubige Menschen. Auch für mich verweist die Natur auf den Schöpfer. Die Phänomene der Schöpfung können aber auch anders gedeutet werden. Insofern wäre ich persönlich zurückhaltend, die Naturwissenschaften für den Glauben »nutzbar« zu machen. Würde das nicht ihrer Eigengesetzlichkeit widersprechen?

AK

Das Zeugnis der Evangelien

Nach Auskunft der Bibelwissenschaft sind die Evangelien erst einige Jahrzehnte nach dem Tod Jesu geschrieben worden. Einige Evangelisten können kaum Zeitzeugen der Ereignisse gewesen sein. Heißt das, dass die überlieferten Worte und Taten Jesu ungenau oder verfälscht auf uns gekommen sind?

Die Mehrheit der Exegeten hält das Markusevangelium für das älteste der vier Evangelien im Neuen Testament und nimmt an, dass es etwa um das Jahr 70 entstanden ist. Für das Matthäusevangelium rechnet die Mehrheit mit einer Abfassung nach dem Jahr 80.

Das Lukasevangelium datieren die meisten Exegeten in die Jahre 85 bis 90. Als Entstehungszeit für das Johannesevangelium vermutet man zumeist die letzten Jahre des ersten Jahrhunderts. Wenn man nun weiter davon ausgeht, dass Jesus im Jahr 30 am Kreuz starb, dann liegen in der Tat mehrere Jahrzehnte zwischen den Ereignissen, von denen die Evangelien berichten, und den Evangelien in ihrer vorliegenden Form.

Zu bedenken ist, dass die Evangelien Texte eigener Art sind. Evangelium heißt frohe Botschaft. Die Evangelien wollen den Glauben an Jesus Christus vermitteln. Gleichwohl müssen wir sie, was ihre geschichtliche Genauigkeit angeht, aber auch nicht weniger ernst nehmen als andere antike Quellen. Wenn Lukas etwa zu Beginn seines Evangeliums mitteilt, dass er sich entschlossen hat, allem von Grund auf nachzugehen und es der Reihe nach aufzuschreiben, dann geht er vor wie ein Geschichtsschreiber seiner Zeit.

In die Frage der Abfassungszeit der Evangelien ist in den letzten Jahren Bewegung gekommen. So plädiert der Neutestamentler Klaus Berger für eine Frühdatierung des Johannesevangeliums. Er setzt das vierte Evangelium vor dem Jahr 70 an. Und der vor kurzem verstorbene Basler Neutestamentler Carsten Peter Thiede streitet mit archäologischen Funden und Handschriftenanalysen für eine frühere Entstehung des Matthäusevangeliums. Nach ihm reicht zumindest dieses Evangelium in die Zeit der Augenzeugen zurück, auch wenn es nicht von einem Augenzeugen stammt.

Die Auseinandersetzung um die Datierung kann hier nicht entschieden werden. Aber auch wenn die Evangelisten keine Zeitzeugen der Ereignisse gewesen sind, muss das nicht heißen, dass die überlieferten Worte und Taten Jesu ungenau oder verfälscht auf uns gekommen sind. Der zeitliche Abstand allein ist noch kein Argument gegen die historische Zuverlässigkeit. Außerdem haben die Autoren der Evangelien ältere schriftliche und mündliche Überlieferungen verarbeitet.

AK

Das Evangelium des Judas

Vor einiger Zeit hat man Teile eines bisher unbekannten Evangeliums (Judasevangelium) gefunden. Warum wurde es nicht unter die Schriften des Neuen Testamentes aufgenommen?

1978 wurde in Ägypten eine Abschrift des Judasevangeliums, die wohl aus dem dritten oder vierten Jahrhundert stammt, gefunden. Bis dahin war es nur indirekt über eine Notiz bei Irenäus von Lyon aus dem Jahr 180 n. Chr. bekannt. Nach einigen Umwegen erwarb die amerikanische National Geographic Society die Handschrift und publizierte sie im April 2006. Die Veröffentlichung löste ein breites Medieninteresse und manche Spekulation aus. Es war gar von einer Rehabilitierung des Judas die Rede.

Worum geht es bei sachlicher Betrachtung? Das Evangelium des Judas gehört zu den Apokryphen, d.h, zu den Schriften, die nicht in den Kanon (das Verzeichnis) der Bibel aufgenommen wurden. Es ist, wie andere apokryphe Evangelien auch, als Dialog zwischen Jesus und einem Jünger gestaltet. Jesus nimmt den Jünger beiseite, hier Judas, und teilt ihm Dinge mit, die die anderen Jünger nicht erfahren sollen.

Der ursprüngliche Text des Judasevangeliums dürfte aus dem späten zweiten Jahrhundert stammen. Damit ist er rund ein Jahrhundert jünger als die vier Evangelien des Neuen Testaments. Die meisten Exegeten datieren diese wie folgt: Matthäus um 80 n. Chr., Markus um 70 n. Chr., Lukas in die Jahre 80 bis 90 n. Chr., Johannes gegen Ende des ersten Jahrhunderts. Mit guten Gründen plädieren einige Theologen in jüngerer Zeit für eine frühere Datierung, was hier nicht diskutiert werden kann. Für unseren Zusammenhang reicht die Feststellung, dass das Judasevangelium deutlich jünger ist als die vier Evangelien im Neuen Testament.

Bereits in der Mitte des zweiten Jahrhunderts gab es Zusammenstellungen der vier Evangelien in der heutigen Form. Und Ende des zweiten Jahrhunderts, also in der Zeit, als das Judasevangelium erst entstand, war die Kanonbildung weitgehend abgeschlossen. Schon von daher scheidet eine Aufnahme des Judasevangeliums in das Neue Testament aus.

Inhaltliche Gründe kommen dazu. Das Judasevangelium hat ein dualistisches Weltbild, das von einem Gegensatz von Gut und Böse, von Gott und Welt, von Geist und Körper ausgeht. Diese Perspektive verstellt den Blick auf die Menschwerdung Gottes, auch auf das Leiden und Sterben des Gottessohnes. Allein schon wegen dieser Häresie (Irrglauben) hätte es keinen Eingang in das Neue Testament finden können. Damit ist nicht ausgeschlossen, dass es Details enthält, die historisch zuverlässig sind. Der Neutestamentler Klaus Berger hat auf ein solches aufmerksam gemacht: Nach dem Judasevangelium liefert Judas Jesus nicht aus eigenem Antrieb aus, sondern weil er dazu von der jüdischen Obrigkeit angestiftet wurde. Das ist historisch durchaus möglich. So gilt für das Judasevangelium wie für andere neutestamentliche Apokryphen: Sie geben uns einen Einblick in die Anfänge des Christentums, sie können sogar manchmal geschichtliche Einzelheiten enthalten, die in den kanonischen Evangelien fehlen. Aber sie sind eben nicht vom Heiligen Geist inspiriert, sie besitzen daher nicht denselben Wert wie die Schriften des Neuen Testaments.

AK

Jesu Abstammung

Dem Lukasevangelium zufolge war Josef ein Sohn des Eli, dieser war aus dem Geschlecht Davids (Lukas 3, 23–31). Nach unserem christlichen Verständnis war Jesus nicht ein leiblicher Sohn Josefs. Dennoch heißt es im Römerbrief (1, 3), dass Jesus »von Davids Samen geboren« ist. Wie wird dieser scheinbare Widerspruch aufgelöst?

»**W**enn deine Tage erfüllt sind und du dich zu den Vätern legst, werde ich deinen leiblichen Sohn als deinen Nachfolger einsetzen und seinem Königtum Bestand verleihen. (…) Ich will für ihn Vater sein, und er wird für mich Sohn sein. (…) Meine Huld (…) soll nicht von ihm weichen (…). Dein Haus und dein Königtum sollen durch mich auf ewig bestehen bleiben; dein Thron soll auf ewig Bestand haben.« Diese Worte in 2 Sam 7, 1–17 richtet der Prophet Natan im Auftrag Gottes an König David. Sie wurden wie kaum ein anderer Text im Alten Testament immer wieder neu aktualisiert und interpretiert. Sie wurden als Bund Gottes mit dem Haus David gedeutet (2 Sam 23, 5; Ps 89, 4–5) und auf den Messias bezogen. In dieser so genannten Natan-Weissagung liegt die Wurzel für die Bezeichnung des Messias als Sohn Davids.
Bis zur Zerstörung Jerusalems 586 v. Chr. herrschte in der Tat ein »Davidssohn« als König. Und im babylonischen Exil hoffte man auf eine Wiederherstellung Israels unter einem Nachkommen Davids. »Doch aus dem Baumstumpf Isais wächst ein Reis hervor, ein junger Trieb aus seinen Wurzeln bringt Frucht«, so beginnt die Ankündigung eines vom Geist Gottes erfüllten Herrschers beim Propheten Jesaja (1, 1 ff.). Isai war der Vater Davids. Der Herrscher wird also aus davidischem Geschlecht erwartet. Geschichtlich betrachtet, hat sich diese Erwartung nicht erfüllt. Dafür entstand die Hoffnung, dass Gott seinem Volk am Ende der Zeiten einen König aus dem Haus David geben werde, den Messias. Viele messianische Weissagungen entstammen der nachexilischen, königslosen Zeit. Zwei alte

Formeln in Röm 1, 3: »(Christus Jesus), dem Fleisch nach geboren (...) als Nachkomme Davids« und in 2 Tim 2, 8: »Jesus Christus, der Nachkomme Davids« greifen diese politische Messiaserwartung auf. Auch die Stammbäume Jesu im Matthäus- (1, 1–17) und im Lukasevangelium (3, 23–38) nennen David als Vorfahre Jesu. »Gesegnet sei das Reich unseres Vaters David, das nun kommt«, rufen die Leute beim Einzug Jesu in Jerusalem nach dem Markusevangelium (11, 10). Diese und andere Stellen des Neuen Testaments sind theologisch zu lesen. Sie greifen die angedeutete, zur Zeit Jesu weit verbreitete Messiaserwartung auf. Sie wollen nicht sagen, dass Josef der leibliche Vater Jesu war. Jesus selbst hat sich vermutlich nicht als »Davidssohn« bezeichnet. Er sah sich nicht als der politische Messias, den viele ersehnten.

AK

Jesu Botschaft hören und verstehen

Der Sinn der Aussage Jesu in Markus 4, 11–12: »Euch ist das Geheimnis des Reiches Gottes anvertraut ...« bleibt mir auch im Kontext verschlossen. Vor allem die Wendung »... damit sie sich nicht bekehren.« Gibt es eine Erklärung dafür?

Die von Ihnen genannten Verse gehören im Markusevangelium zu dem Kapitel, das mit »Gleichnisse vom Reich Gottes« überschrieben werden kann. Unter den Hörern unterscheidet Markus Gläubige und Ungläubige. Zwar hören alle, was Jesus sagt, aber nicht alle verstehen den tieferen Sinn der Gleichnisse. Den Gläubigen, das sind vor allem die Zwölf und die Begleiter Jesu, ist in den Gleichnissen etwas gesagt, was sie von den Ungläubigen und den Gegnern Jesu unterscheidet: Ihnen ist das Geheimnis des Reiches Gottes von Jesus anvertraut. Damit sie es verstehen, deutet er ihnen die Gleichnisse. Wenn die Ungläubigen ihre »Chance« nutzen und sich bekehren, gehören sie nicht mehr zu denen, »die draußen sind« (Mk 4, 12) und denen der tiefere Sinn der Gleichnisse verborgen bleibt. Um die Gleichnisse zu verstehen, brauchen Menschen Augen und Ohren des Glaubens.

Nicht leicht verständlich finde ich ebenso wie Sie das »... damit sie sich nicht bekehren.«

Mk 4, 12 ist ein Zitat aus dem Buch des Propheten Jesaja. Der Prophet will das Herz des Volkes für Gott aufschließen und seine Augen und Ohren öffnen, was nicht gelingt, da das Volk so verstockt ist, dass es die Botschaft des Propheten und damit das Gotteswort ablehnt. Dazu bemerkt der evangelische Exeget (Bibeltheologe) Otto Kaiser: »Wer sich selbst verstockt, dessen Verstockung vollendet Gott. Wer verstockt ist, den treibt der Ruf der Umkehr nur tiefer in seine Verstocktheit hinein.«

Jesus ruft zur Umkehr auf und beabsichtigt mit seiner Verkündigung sicher nicht das Gegenteil von Umkehr. »Die Parabel (= das Gleichnis) soll keineswegs verstocken, sondern ins nachdenkliche Fragen und zur Umkehr führen« (Rudolf Pesch). Wenn die, »die draußen sind«, fragen, gleichen sie den Begleitern Jesu, die Jesus nach dem Sinn seiner Gleichnisse gefragt haben, die also nicht nur oberflächlich die bildliche Seite der Gleichnisse sehen, sondern ihren Kern begreifen möchten. Zu diesem Kern gehört, dass in Jesus und in seiner Verkündigung Gottes Herrschaft und sein Reich schon gegenwärtig sind. In der Gemeinde, in der Gemeinschaft mit Jesus, werden die Gleichnisse gedeutet. Die Gläubigen erfahren die Gegenwart und Nähe Gottes und sehen mehr als die Außenstehenden, denen die Gegenwart Gottes verborgen bleibt. Die Gemeinde, der »das Geheimnis des Reiches Gottes anvertraut« ist, ist damit beauftragt, das Reich Gottes zu verkünden und Menschen zur Umkehr zu bewegen.

HK

Gott in seiner Güte nachahmen

In Matthäus 5, 48 heißt es: »*Ihr sollt also vollkommen sein, wie es auch euer himmlischer Vater ist.*« *Ist das nicht eine Forderung, die praktisch kein Mensch erfüllen kann?*

Wenn der Vers isoliert betrachtet wird, ist die Frage berechtigt, ob Menschen überhaupt so vollkommen sein können wie ihr himmlischer Vater, wie Gott also. Menschen sind Menschen, nicht Gott, sie handeln wie Menschen, nicht wie Gott. Wenn der Vers im Zusammenhang mit den vorausgehenden Versen und mit dem Gebot der Feindesliebe gesehen wird, ist er verständlicher und eher nachvollziehbar. Wie Gott sich barmherzig verhält, so sollen es die Jünger tun. Im Lukasevangelium steht ein Paralleltext, der das ausdrücklich sagt: »Seid barmherzig, wie es auch euer Vater ist« (Lk 6, 36), barmherzig auch zu den Feinden, den Bösen, Ungerechten und Undankbaren. Vollkommenheit ist hier nicht gleichzusetzen mit Perfektionismus, Ideal und Elite. Bei Matthäus geht es um die vollkommene Auslegung des Gesetzes, die nach dem Maßstab geschehen soll, wie Gott handelt.
Matthäus 5, 48 ist vom so genannten Heiligkeitsgesetz des Alten Testamentes beeinflusst: »... Seid heilig, denn ich, der Herr, euer Gott, bin heilig« (Lev 19, 2).
Mit heilig ist nicht nur ein untadeliges, rechtschaffenes Leben ohne Fehler gemeint, sondern das Leben als ein in sich geschlossenes Ganzes. Der Neutestamentler Joachim Gnilka sagt es so: »Gott ist in seiner Güte ungeteilt den Menschen zugewandt. Die anzustrebende Vollkommenheit des Menschen bestünde dann darin, dieses Ganz- und Ungeteiltsein nachzuahmen ... In der ungebrochenen Liebe, die keinen Menschen ausschließt, findet dieses Streben seine Vollendung.« Das können Menschen nicht aus eigener Kraft erreichen, sie erhalten Anteil an der Vollkommenheit Gottes, also Gnade. Die Nachahmung Gottes (imitatio Dei) gehört zu den

Anliegen des alttestamentlichen Gesetzes. Dabei geht es nicht darum, wie Gott zu sein. Die Nachahmung ist ja nicht das Original. Es geht um Leben nach dem Gesetz Gottes. Im Sinne der Botschaft Jesu heißt das: Leben als Kinder Gottes. Nachahmung Gottes (imitatio Dei) lässt an die »Imitatio Christi« denken, eine geistliche Schrift des Thomas von Kempen († 1471), die bis in unsere Zeit Menschen bewegt, in ihrer Lebensführung Christus als Vorbild zu sehen. Übersetzt heißt das Buch »Nachfolge Christi«. Christus nachzufolgen, durch den Gott, der Vater, sich offenbart, bleibt ein Auftrag an glaubende Menschen.

HK

Die letzten Worte Jesu

Kann es sein, dass die »Sieben Worte Jesu am Kreuz« als Meditations-Anregungen der Evangelisten zu verstehen sind, um den unbegreiflichen, schimpflichen Tod Jesu zu deuten?

Das Katholische Gebet- und Gesangbuch »Gotteslob« kennt eine eigene Andacht (GL 776), in der die sieben Worte Jesu am Kreuz zur Betrachtung angeboten werden. Dies deutet bereits an, dass Sie mit Ihrer Vermutung richtig liegen. Seit dem Mittelalter sind Auslegungen, Predigten, Gebete und musikalische Werke bekannt, in denen die letzten Worte Jesu zusammengestellt wurden, die in den Evangelien bezeugt sind. Die Erklärungen regen zur Meditation darüber an, was Jesu Tod für uns bedeutet und wie wir ihm im Leben nachfolgen können. Die heute noch bekannte Reihenfolge geht auf Victor von Capua (6. Jahrhundert) zurück: »Vater, vergib ihnen, denn sie wissen nicht, was sie tun.« (Lk 23, 34a) – »Heute noch wirst du mit mir im Paradies sein.« (Lk 23, 43) – »Frau, siehe, dein Sohn! ... Siehe, deine Mutter!« (Joh 19, 26f.)

– »Mein Gott, mein Gott, warum hast du mich verlassen?« (Mt 27, 46) – »Mich dürstet.« (Joh 19, 28) – »Es ist vollbracht!« (Joh 19, 30a) – »Vater, in deine Hände lege ich meinen Geist.« (Lk 23, 46a)

Vergleicht man die letzten Worte Jesu in den vier Evangelien, so lassen sich unterschiedliche Traditionen erkennen. Dies legt nahe anzunehmen, dass die Evangelisten Worte des Gekreuzigten in die Passionsdarstellung eingebracht haben, die ihre jeweilige Deutung und Verkündigung des Leidens und Sterbens Jesu betonen.

So stirbt Jesus im Matthäusevangelium (und ähnlich bei Markus), den Anfang des Psalms 22 betend, in tiefer Gottverlassenheit und dennoch mit Hoffnung und Zuversicht, wie die zugewandte Anrede »mein Gott« erkennen lässt. Die letzten Worte Jesu im Lukasevangelium haben die Jünger im Blick: Jesus praktiziert in vorbildlicher Weise Vergebungsbereitschaft und Feindesliebe. Er zeigt, wie man vertrauensvoll stirbt. Stephanus, der erste Märtyrer, hat diese Haltung mit ähnlichen Worten nachgeahmt (vgl. Apg 7, 59f.). Für Lukas gehören die letzten Worte ganz wesentlich zur Verkündigung Jesu, sie sind ein »Plädoyer für Gottvertrauen« (Franz-Georg Untergaßmair). Mit der Verheißung an den reumütigen Schächer (Lk 23, 43) unterstreicht Lukas, dass er Jesus als Wegbereiter des Menschen zu Gott hin versteht. Im Johannesevangelium schließlich erscheint das Leiden und Sterben Jesu theologisch gedeutet als Verherrlichung Gottes und als Beginn der Herrschaft Jesu Christi zum Heil der Menschen. Dies wird beispielhaft an der Sorge für die Mutter und den Jünger dargestellt (Joh 19, 26f.). Die beiden anderen Worte des sterbenden Jesu im Johannesevangelium wollen zeigen, wie sich im Tod Jesu die Schrift, d.h. der Heilswille Gottes, erfüllt.

Mit den »Sieben Worten Jesu am Kreuz« bieten die Evangelien wesentliche Hinweise, um den Tod Jesu von Nazaret in seiner erlösenden Bedeutung verstehen zu können. Es wäre eine gute Übung für die Fastenzeit, diese Worte zu bedenken – vielleicht mit Hilfe der Anregungen im »Gotteslob«, sie betend nachzusprechen und so den persönlichen Glauben zu vertiefen.

Von einer Lanze durchbohrt

Warum wird auf Kruzifixen das Herz des Gekreuzigten auf dessen rechter Seite dargestellt?

Nicht das Herz, wohl aber die Seitenwunde des Gekreuzigten wird in der christlichen Kunst meistens auf der rechten Seite dargestellt. Ein erstes erhaltenes Zeugnis dafür stammt aus dem 6. Jahrhundert und findet sich im syrischen Rabula-Codex (heute in Florenz). Zuvor sind nur einzelne Darstellungen Jesu am Kreuz bekannt, wohl auch deshalb, weil die frühchristliche Ikonografie zwar das Kreuz als Siegeszeichen abbildete, nicht aber den gekreuzigten Herrn. Man muss sich immer wieder klar machen, dass die Kreuzigung in der römischen Welt Strafe für die schlimmsten Verbrechen war. Niemals war sie einer bildlichen Darstellung gewürdigt worden, so dass den frühen Christen auch formale Vorbilder fehlten. Ein kleines Elfenbeinrelief aus Oberitalien (um 430) lässt zwar nicht die Wunden des am Kreuz erhöhten Christus erkennen, zeigt aber zumindest die Figur eines Soldaten mit erhobener Lanze.
Mit der Darstellung der Seitenwunde nimmt die Kunst Bezug auf das Johannesevangelium, das die Szene des Lanzenstichs nach dem Sterben Jesu schildert: »Weil Rüsttag war und die Körper während des Sabbats nicht am Kreuz bleiben sollten, baten die Juden Pilatus, man möge den Gekreuzigten die Beine zerschlagen und ihre Leichen dann abnehmen; denn dieser Sabbat war ein großer Feiertag. Also kamen die Soldaten und zerschlugen dem ersten die Beine,

dann dem andern, der mit ihm gekreuzigt worden war. Als sie aber zu Jesus kamen und sahen, dass er schon tot war, zerschlugen sie ihm die Beine nicht, sondern einer der Soldaten stieß mit der Lanze in seine Seite, und sogleich floss Blut und Wasser heraus« (Joh 19, 31–34).

Der Soldat, der die Lanze in die Seite Jesu sticht, zielt offenbar auf das Herz, um sich des Todes Jesu zu vergewissern. Der Evangelist erwähnt nicht, auf welcher Seite die Lanze den Leichnam Jesu durchbohrte. Anatomisch ist es aber durchaus nachvollziehbar, von der rechten Seite auszugehen, um von unten her das Herz zu erreichen. Viele Theologen vertreten die Auffassung, mit dieser Szene solle der Irrlehre entgegnet werden, es habe nur ein »Scheinleib« Jesu am Kreuz gehangen, er sei nicht wirklich gestorben. Seit der Zeit der Kirchenväter sind darüber hinaus symbolische Interpretationen verbreitet: aus der Seite des Gekreuzigten seien die Kirche, der Strom des Lebens, oder näherhin die Sakramente von Taufe (Wasser) und Eucharistie (Blut) hervorgegangen.

Der Evangelist Johannes fügt seiner Darstellung zwei alttestamentliche Schriftworte bei, die die Kreuzigung Christi auch in diesem Detail als Erfüllung der Verheißungen Gottes erweisen sollen. So lag es nahe, später noch andere Schriftstellen auf den Tod Jesu zu beziehen, etwa die endzeitliche Vision des Propheten Ezechiel von der Tempelquelle: »Dann führte mich der Herr zum Eingang des Tempels zurück und ich sah, wie unter der Tempelschwelle Wasser hervorströmte und nach Osten floss … Das Wasser floss unterhalb der rechten Seite des Tempels herab« (Ez 47, 1). Hier findet die Kunst einen deutlichen Anhaltspunkt, die Seitenwunde rechts darzustellen und damit schriftkundige Gläubige auf den Lebensstrom zu verweisen, der im Tod Jesu am Kreuz entsprang und allen Menschen zugute kommt.

GB

Wie Paulus Jesus verkündigt hat

Manche sagen, Jesus verkündete die Botschaft vom Reich Gottes – und Paulus verkündigte den Gekreuzigten, nicht das Reich Gottes. Stimmt das? Ist Paulus der eigentliche Gründer des Christentums?

Paulus wurde etwa zur gleichen Zeit wie Jesus geboren. Er war römischer Bürger und zugleich Jude. Als Erwachsener schließt Paulus sich der Bewegung der Pharisäer an. Aus religiöser Überzeugung wird er zum Christenverfolger. Auf dem Weg nach Damaskus erscheint ihm der Auferstandene. Der Verfolger wird zum Nachfolger, dann zum Missionar. Ersten Missionsversuchen bleibt der Erfolg allerdings versagt. Der stellt sich später dafür umso nachhaltiger ein. Paulus sieht sich in erster Linie, wenn auch nicht ausschließlich, zu den Heiden gesandt. Als Quelle für Wort und Werk des Paulus dienen uns seine Briefe sowie die Apostelgeschichte.

Die Missionspredigt des Paulus ist tatsächlich keine Wiederholung der Worte Jesu. Eine inhaltliche Differenz indes besteht nicht, wohl aber eine andere Perspektive. So kann man durchaus sagen, dass Paulus Jesus Christus als Gekreuzigten und Auferstandenen verkündigt. Das ist nach Ostern die entscheidende Perspektive. Es stimmt auch, dass das Reich Gottes als ein zentrales Element der Verkündigung Jesu genannt werden kann. Das erste Wort, das Jesus nach dem Markusevangelium spricht, lautet: »Die Zeit ist erfüllt, das Reich Gottes ist nahe« (Mk 1, 15).

Für den Göttinger evangelischen Theologen Gerd Lüdemann, der sich vom christlichen Glauben losgesagt hat, ist Paulus der Gründer des Christentums. Es gibt ein Buch von ihm, das diese These bereits im Titel trägt: »Paulus, der Gründer des Christentums«. Vielleicht bildet das den Hintergrund Ihrer Frage. Lüdemann geht entschieden zu weit. Es trifft aber zu, dass nach Jesus keine neutestamentliche Gestalt so stark die Geschichte des Christentums geprägt hat wie Paulus.

Erlauben Sie mir, dass ich zum Schluss ein Bild zitiere. Ich verdanke es dem Buch »Paulus. Schwert des Glaubens« des verstorbenen Theologen Carsten Peter Thiede. Es ist ein Wandgemälde in der Domitilla-Katakombe in Rom. Es stellt Paulus mit zwei Schriftrollenbehältern zu seinen Füßen dar. Der Reisemissionar wird hier gleichsam im Dienst gezeigt. Er hat bei sich, was er braucht. Jeder der beiden Behälter enthält fünf Rollen: die fünf Bücher des Pentateuchs (d.h.: die fünf Bücher Mose) sowie die vier Evangelien und die Apostelgeschichte. Das ist freilich symbolisch zu verstehen. Der historische Paulus konnte allenfalls Kenntnis vom Markusevangelium haben. Die übrigen Evangelien und die Apostelgeschichte waren noch nicht geschrieben. Das Gemälde will sagen: Paulus steht in der jüdischen Tradition und – das ist für Ihre Frage bedeutsam – er verkündet das Evangelium von Jesus Christus.

AK

Paulus und die Ehe

Wie kann Paulus in 1 Kor 7, 7 die Ehe ablehnen und von allen verlangen, sie sollen unverheiratet bleiben wie er?

Der Vers, den Sie nennen, heißt wörtlich: »Ich wünschte, alle Menschen wären (unverheiratet) wie ich. Doch jeder hat seine Gnadengabe von Gott, der eine so, der andere so.« Wenn Sie dazu den Zusammenhang betrachten, in dem der Vers steht, die Verse 1 bis 11 des 7. Kapitels des ersten Briefs an die Korinther, so lässt sich eine Distanz des Paulus zur Ehe wohl feststellen. Aber der Apostel lehnt die Ehe nicht ab und verlangt nicht von allen Gemeindemitgliedern in Korinth, sie sollten unverheiratet bleiben wie er. Paulus legt hier keine Theologie der Ehe oder der Jungfräulichkeit vor, sondern behandelt Fragen aus dem Leben der Gemeinde.

Möglicherweise konnten sich Gruppen in der Gemeinde nicht verständigen: Die einen lebten asketisch und enthaltsam, andere führten ein lockeres Leben. Manche schätzten die Ehe hoch ein, andere wollten bewusst auf die Ehe verzichten.

Aus 1 Kor 7, 1 ergibt sich, dass Paulus wahrscheinlich Punkt für Punkt auf Fragen antwortet, die Korinther in einem Brief an ihn gestellt hatten: »Nun zu den Anfragen eures Briefes! ‚Es ist gut für den Mann, keine Frau zu berühren.'« Für Unverheiratete bestätigt Paulus das als seine Meinung. Für Verheiratete lässt Paulus den Satz nicht gelten: »Es ist gut für den Mann, keine Frau zu berühren.« Dann wendet er sich gegen jede Art von Egoismus in der Ehe und sieht dabei Mann und Frau gleichberechtigt. In der Gemeinschaft der Ehe gehört jeder dem anderen. Paulus erlaubt also die Ehe durchaus, aber er schreibt sie nicht vor, was er guten Gewissens auch nicht tun kann, da er selbst ehelos lebt. In der Ehe und in der Ehelosigkeit sieht er eine Gnadengabe von Gott, beide Lebensformen sind Gaben Gottes: »Doch jeder hat seine Gnadengabe von Gott, der eine so, der andere so« (1 Kor 7, 7b).

Trotzdem rät Paulus den Unverheirateten und den Witwen, unverheiratet zu bleiben wie er. Hier lässt sich vielleicht ein Widerspruch zu Gen 2, 18 sehen, wo es heißt: »Es ist nicht gut, dass der Mensch allein bleibt.« Die Distanz des Apostels zur Ehe lässt sich wohl auch eschatologisch erklären: Mit der Wiederkunft des Herrn wird die Ehe gleichsam »überflüssig«. Wichtig aber ist dem Apostel der Unterschied zwischen dem, was der Herr gebietet, und seiner Meinung: Den Verheirateten gebietet der Herr, nicht der Apostel, sie sollen verheiratet bleiben: Die Frau soll sich nicht von ihrem Mann trennen, und der Mann darf seine Frau nicht verstoßen (vgl. 1 Kor 7, 10–11). Wieder sieht der Apostel Mann und Frau mit gleichen Rechten und Pflichten.

HK

Furcht vor einem strafenden Gott

Straft Gott die Menschen, die seine Gebote missachten? Wie vereinbart sich ein solches Bild vom strafenden Gott mit folgendem Schriftwort: »Furcht gibt es in der Liebe nicht ... Denn die Furcht rechnet mit Strafe, und wer sich fürchtet, dessen Liebe ist nicht vollendet« (1 Joh 4, 18)?

Die Vorstellung von Gott, der die bestraft, die seine Gebote (Gesetze) übertreten, entspricht menschlichen Verhältnissen, in denen Autoritäten Gesetze erlassen und deren Übertretung mit Strafen bedrohen. Die Höhe der Strafe richtet sich nach der Schwere der Übertretung. Die angedrohte Strafe soll abschrecken und hat durchaus eine pädagogische Bedeutung.

Der Dogmatiker Gerhard Ludwig Müller sagt dazu: »Der pädagogisch verzweckten Rede vom strafenden und Angst machenden Gott ist nicht die verharmlosende Rede vom immer liebenden und automatisch verzeihenden Gott entgegen zu stellen.« Dass Gott beleidigt oder sogar wütend reagiert, wenn Menschen seine Gebote missachten, klingt ebenso fragwürdig und banal wie die Meinung, Gott schaue über alles hinweg, was Menschen an Bösem tun, und für Gott sei »das alles« nicht so schlimm.

Menschen, Gottes Geschöpfe, sind von Gott zum Heil berufen, für das sie selbst auch Verantwortung tragen. Sie erfahren das Heil in der Begegnung und in der Gemeinschaft mit Gott, sie können es aber auch verfehlen. Die Mahnung zur Umkehr erinnert an Gott, der nicht den Tod des Sünders will, sondern dass er sich bekehrt – zu Gott, in dem die Menschen das Heil finden.

Die Gemeinschaft mit Gott ist Thema des ersten Johannesbriefs, aus dem der in der Anfrage zitierte Schrifttext genommen ist. Gemeinschaft mit Gott haben die Menschen im Glauben, der sich in der Liebe vollendet. Gott schenkt und zeigt seine Liebe durch seinen Sohn, den er als Sühne für die Sünden der Menschen gesandt hat. Trotzdem fürchten sich Glaubende vor dem Gericht Gottes und der Strafe Gottes, was sich dadurch erklären lässt, dass sie noch nicht zur vollen Gemeinschaft mit Gott gelangt und in der Liebe noch nicht vollendet sind. »Die vollkommene Liebe hat die Tendenz, jedes Furchtmoment von sich abzustoßen; wo ein Fürchtender ist, wird er als noch nicht in der Liebe vollendet erkennbar... Wenn die Christen jene Liebeshaltung gewinnen, die aus ungetrübter Gottesgemeinschaft erwächst, dann werden sie jegliche Furcht überwunden und volle Zuversicht erlangt haben« (Rudolf Schnackenburg).

Auf das Verhältnis Gottes und der Menschen sind die Begriffe Gericht und Strafe nicht nach der Art menschlicher Richter und Gerichte übertragbar. Dass die Liebe und die Gerechtigkeit Gottes immer in Harmonie, nicht im Gegensatz zueinander stehen, mag für Menschen unbegreiflich bleiben, ist aber für Glaubende nie ein Grund für Furcht und Angst, im Gegenteil.

HK

Einsicht in den Glauben der Kirche

Ein Gott in drei Personen

Von einem Muslim aus meiner Nachbarschaft wurde ich angefragt: Seid ihr Christen wirklich Monotheisten oder glaubt ihr an drei Götter? Ihr sprecht immer von Gott Vater, Gott Sohn und Gott Heiligem Geist. Was soll ich darauf antworten?

Judentum, Christentum und Islam sind so genannte monotheistische Religionen. Das heißt, sie sind bestimmt durch den Glauben an einen einzigen Gott. Die Frage Ihres muslimischen Nachbarn beruht auf einem Missverständnis. Wir Christen glauben an einen dreieinigen, oder wie man auch sagt: dreifaltigen Gott. Dieser Glaube ist in der Tat nicht einfach zu verstehen. Er gründet zunächst darauf, dass die Menschen Jesus als Gott erfahren haben. Dann haben sie die Erfahrung gemacht, dass der Geist Gottes nach Jesu Tod und Auferstehung in der Kirche weiterwirkt. Der Taufbefehl des Auferstandenen gehört zu den Stellen im Neuen Testament, die den Glauben an einen dreieinigen Gott formulieren: »Darum geht zu allen Völkern, und macht alle Menschen zu meinen Jüngern; tauft sie auf den Namen des Vaters und des Sohnes und des Heiligen Geistes« (Mt 28, 19). Man kann hier auch einen Segenswunsch des Apostels Paulus (2 Kor 13, 13) anführen, der Eingang in die Liturgie gefunden hat: »Die Gnade Jesu Christi, des Herrn, die Liebe Gottes und die Gemeinschaft des Heiligen Geistes sei mit euch allen!« Das Bekenntnis zum dreieinigen Gott ist also biblisch begründet – und nicht das Ergebnis spitzfindiger theologischer Spekulationen.
Die Konzilien von Nizäa (325 n. Chr.) und von Konstantinopel (381 n. Chr.) haben das Zeugnis der Schrift dann entfaltet und verteidigt. Viele große Theologen haben daran mitgewirkt: im Osten der heilige Basilius, Gregor von Nazianz und Gregor von Nyssa; im Westen vor allem Augustinus, der 15 Bände »Über den dreieinigen Gott« geschrieben hat.

Der Glaube an Gott als Vater, Sohn und Heiligen Geist ist von großer ökumenischer Bedeutung, weil nahezu alle christlichen Konfessionen darin übereinstimmen. Inhaltlich macht dieser Glaube eine Aussage über das Wesen Gottes. Der Katholische Erwachsenen-Katechismus formuliert dieses so: »Gott ist kein einsames Wesen, sondern ein Gott, der aus der Überfülle seines Seins heraus sich schenkt und miteilt, ein Gott, der in der Gemeinschaft von Vater, Sohn und Geist lebt und der darum auch Gemeinschaft schenken und begründen kann.« Man kann auch sagen: Das Bekenntnis zum dreieinigen Gott entfaltet die Aussage »Gott ist die Liebe« aus dem ersten Johannesbrief im Neuen Testament (1 Joh 4, 8.16). Genau diese Aussage hat Papst Benedikt XVI. in seiner ersten Enzyklika aufgegriffen und damit den Blick auf das Zentrum des christlichen Gottesbildes gelenkt.

AK

Vorherbestimmung und Freiheit

Von manchen Christen höre ich heute, dass Gott alles in unserem Leben und vor allem unseren Tod vorherbestimmt habe. Ich habe dagegen früher im Religionsunterricht gelernt, dass es keine Prädestination gibt, sondern dass Gott den Lebensweg eines jeden Menschen kennt, weil er allwissend ist. Was ist richtig?

Prädestination heißt übersetzt Vorherbestimmung. Um die Frage klar zu beantworten: Es gibt eine Prädestination. Und zwar in folgendem Sinn: Gott will das Heil aller Menschen. »Gott will, dass alle Menschen gerettet werden« (1 Tim 2, 4). Wir sind zum Heil bestimmt, auf das Heil ausgerichtet, für das Heil prädestiniert. Darin besteht der Kern der theologischen Rede von der Prädestination.

Gott will aber auch die Freiheit des Menschen. Insofern lässt er zu, dass der Mensch sich gegen ihn entscheiden kann. Dieses Zulassen ist auch eine Art des Wollens. Gott lässt ebenso die negativen Folgen einer Entscheidung gegen ihn zu. Es gibt die reale Möglichkeit, dass ein Mensch sich definitiv gegen Gott entscheidet. Gott lässt dies zu, ebenso die negativen Folgen daraus.

Gleichwohl existiert keine Symmetrie zwischen der Möglichkeit des Heils und der des Scheiterns. Dies zu entfalten ist hier nicht der Ort. Nur soviel sei gesagt: Wir dürfen hoffen und beten, dass alle Menschen das Heil erlangen.

Von der Vorherbestimmung im Sinne einer Ausrichtung auf das Heil ist das Vorauswissen Gottes zu unterscheiden. Dieses ist Teil seiner Allwissenheit. Aus der Perspektive der Ewigkeit Gottes kann man denken, dass alles bereits feststeht. Gott ist im Gegensatz zu uns nicht der Zeitlichkeit unterworfen. Wir Menschen haben unser Leben immer nur nacheinander. Die Vergangenheit liegt hinter uns, die Zukunft vor uns. Die Gegenwart geht gleichsam an uns vorüber. Ewigkeit bedeutet nicht, dass alles so weitergeht. Ewigkeit ist nicht Zeitlichkeit ohne Ende. Ewigkeit heißt vielmehr, dass wir das ganze Leben, die Fülle des Lebens, wie in einem Moment haben.

So gesehen kann man sagen, dass der Lebensweg eines Menschen – auch sein Tod – aus der Perspektive der Ewigkeit Gottes in allen Einzelheiten bereits feststeht. Da wir Menschen aber der Zeitlichkeit unterworfen sind, können wir nichts davon erkennen.

Man kann sich das Vorauswissen Gottes an einem Beispiel klarmachen: Jemand sieht von einem erhöhten Standpunkt, etwa einem Balkon, auf eine Straßenkreuzung. Zwei Autos fahren, ohne zu bremsen, aufeinander zu. Ab einem bestimmten Zeitpunkt kann der Betrachter einen Unfall mit Sicherheit voraussagen. Der Unfall steht fest, ohne dass dies der Freiheit der beiden Fahrer einen Abbruch täte. Sie hätten bremsen können, haben es aber nicht getan.

Weder Prädestination noch Vorauswissen stehen also im Widerspruch zur Freiheit des Menschen. Wir sind zum Heil bestimmt.

Wir können diese Möglichkeit ergreifen. Wir dürfen hoffen, ohne es sicher zu wissen, dass sich niemand vollständig dagegen entscheidet. Allein Gott weiß, wie alles ausgeht.

AK

Gott und das Leid der Menschen I

Wie kann man in der Diskussion mit einem Atheisten unseren Glauben an die Güte und Allmacht Gottes verteidigen, wenn der Gesprächspartner im Blick auf die Zulassung menschlicher Gräueltaten wie Kindesmissbrauch Gott entweder Mittäterschaft oder mangelnde Macht vorwirft?

Bereits der griechische Philosoph Epikur hat das angesprochene Problem auf den Punkt gebracht: Wenn Gott allmächtig ist, kann er das Leid verhindern. Wenn er allgütig ist, will er es verhindern. Widerspricht also das Vorhandensein von Leid nicht der Existenz Gottes? Die atheistische Religionskritik der Neuzeit hat genau diesen Schluss gezogen.

Im Blick auf das von Menschen verursachte Leid können wir folgende Überlegung anstellen: Gott kann dieses Leid verhindern. Aber er will zugleich die Freiheit des Menschen. Also lässt er das von Menschen verursachte Leid zu. Es ist der Preis für die Freiheit. Gott ist nicht die Ursache des Leids. Er ist nicht Mittäter. Es hat auch nichts mit seiner mangelnden Macht zu tun.

Die größere theologische Herausforderung liegt im nicht von Menschen, sondern von der Natur hervorgerufenen Leid, etwa in Krankheiten oder Naturkatastrophen. Wie passt unsere Vorstellung von einem allmächtigen und allgütigen Gott, der die Welt gut erschaffen hat, mit dem aktuellen Zustand der Welt zusammen, in der es so viel Leid gibt? Diese Frage kann von außen an uns herangetragen werden. Besonders bedrängend wird sie dann, wenn uns selbst Leid trifft. Am Leid können Menschen verzweifeln. Wenn wir intellektuell redlich bleiben wollen, müssen wir sagen, dass sich die Frage nach dem »Warum« des Leids nicht vollständig beantworten lässt. Allerdings ist für die Zukunft die Frage nach dem Leid beantwortbar. Der christliche Glaube ist in seinem Kern ausgerichtet auf eine von Gott gewirkte Zukunft, in der alles Leid überwunden sein wird, das Leid jedes einzelnen Menschen wie der gesamten Menschheit. Jede Not und alles Leid wird enden. Gottes Sohn selbst hat gelitten und ist gestorben. In der Auferstehung aber hat er Leid und Tod hinter sich gelassen. Wir glauben, dass wir nach seinem Vorbild auferstehen werden. Ohne diese Hoffnung wäre das Leid das Ende.

AK

Gott und das Leid der Menschen II

Muss man unserer Theologie den Vorwurf machen, dass sie das Leid verklärt, anstatt es zu bekämpfen und zu verhindern?

Schicksalsschläge, unheilbare Krankheiten, Naturkatastrophen, brutale Gewalt und das ungerechte Elend der Armen stellen den Glauben an einen allmächtigen und guten Gott in Frage: Wenn Gott allmächtig ist und nicht eingreift, wo es dringend notwendig wäre, mangelt es ihm scheinbar an Liebe. Kann er nichts tun, dann ist er offensichtlich nicht allmächtig. Hier ist die Theologie gefragt. Sie sucht nach Wegen, mit dem Leid in der Welt umzugehen, ohne den Glauben an Gott aufgeben zu müssen.
Antworten, die in der Vergangenheit durchaus hilfreich waren, können heute nicht einfach unreflektiert wiederholt werden, sonst setzt sich die Theologie zu Recht dem Vorwurf aus, den Sie mit Ihrer Frage aufwerfen. So half man sich lange mit der Antwort: Gott will das Böse nicht, er lässt es nur zu. Aber wer etwas zulässt,

obwohl er helfen könnte, ist zumindest der unterlassenen Hilfeleistung schuldig. So kommt man nicht weiter. Wer seinem persönlichen Leiden Sinn abzuringen versucht, den stellt es nicht unbedingt zufrieden, seine Situation als »Mitleiden mit Christus« oder »Verbundensein mit dem Opfer Christi« zu deuten.

Dennoch lässt sich der Vorwurf an die Theologie, sie verkläre das Leid, nach meiner Einschätzung nicht erhärten. Denn die Kirche hat sich nie mit einer theologischen Lösung des Leidproblems begnügt, sondern darüber hinaus von Anfang an viel getan, um Not zu bekämpfen, Krankheiten zu heilen, Ungerechtigkeit zu beseitigen und dort tröstlich zur Stelle zu sein, wo Menschen unausweichlich leiden müssen.

Die Theologie sieht ihren Beitrag darin, Deutungsangebote aus dem Glauben zu machen, die dem Einzelnen helfen, sich dem Problem des Leidens stellen zu können. Dabei gibt es keine glatten Antworten. Aber schon die Unterscheidung verschiedener Ursachen bringt etwas Licht in die Problematik: Es gibt das Böse aus der Natur, z.B. eine Flutkatastrophe, und das Böse aus menschlicher Schuld. Manchmal treffen sich beide: etwa wenn eine Überschwemmung durch einen mangelhaft gebauten und daher gebrochenen Staudamm ausgelöst worden ist. Gegen das Böse aus der Natur kann der Mensch nur schwer etwas ausrichten, das »moralisch Böse« hängt dagegen mit der menschlichen Freiheit zusammen. Wollte Gott solches Leiden verhindern, müsste er dem Menschen die Freiheit nehmen. Gott hat aber seine Schöpfung so angelegt, dass Menschen sich in Freiheit für das Gute entscheiden können, allerdings um den Preis, dass auch das Gegenteil möglich ist. Angesichts von Schuld und Sünde hat er der Schöpfung den Keim einer neuen Freiheit eingepflanzt, als er »seinen einzigen Sohn in die Welt gesandt hat, damit wir durch ihn leben« (1 Joh 4, 9). Jesu Leiden und Sterben zeigt zum einen, wozu Menschen fähig sind, wenn sie sich gegen Gott entscheiden. Es zeigt aber auch, wozu Gott fähig ist: Er wird zum Leidenden, weil er seine Liebe nicht zurücknimmt. Ob dies

Gott angesichts des Leidens in der Welt hinreichend rechtfertigt, bleibt dem eigenen Urteil überlassen. Aber man wird schwerlich behaupten können, Gott bleibe vom Leiden unberührt. Es gibt sogar eine »Reaktion« Gottes, nämlich die Auferweckung Jesu, die uns hoffen lässt, dass Leiden und Tod nicht das letzte Wort haben, sondern Gottes Liebe, die Leben schenkt.

GB

Jeder erbt den Hang zur Sünde

Wann, durch wen und auf welcher Glaubensgrundlage ist das Phänomen der »Erbsünde« entstanden?

Bereits die biblische Urgeschichte (Gen 1–11) erzählt von den vielfältigen Verstrickungen des Menschen in Schuld: der Sündenfall (Gen 3), Kain und Abel (Gen 4), die Sintflut (Gen 7–8), der Turmbau zu Babel (Gen 11). Im Neuen Testament sind es vor allem Johannes und Paulus, die die Macht der Sünde betonen. Von großem Einfluss wird ein Abschnitt im fünften Kapitel des Römerbriefs. Paulus stellt hier Adam und Jesus Christus einander gegenüber: »Durch einen einzigen Menschen kam die Sünde in die Welt und durch die Sünde der Tod, und auf diese Weise gelangte der Tod zu allen Menschen, weil alle sündigten. … Wie es also durch die Übertretung eines Einzigen für alle Menschen zur Verurteilung kam, so wird es auch durch die gerechte Tat eines Einzigen für alle Menschen zur Gerechtsprechung kommen, die Leben gibt. Wie durch den Ungehorsam des einen Menschen die vielen zu Sündern wurden, so werden auch durch den Gehorsam des einen die vielen zu Gerechten gemacht werden« (Röm 5, 12.19). Die Vulgata, die lateinische Bibelübersetzung, gibt das »weil alle sündigten« mit »in dem alle sündigten« wieder.

Die Lehre von der Erbsünde wurde auf diesem Hintergrund vor allem von Augustinus († 430) entwickelt. Das Lehramt hat viele, aber nicht alle Elemente seiner Theorie übernommen. Eine wichtige Rolle bei der Entfaltung der Erbsündenlehre spielte auch die Auseinandersetzung mit den Reformatoren. Es ist hier nicht möglich, die Geschichte der Erbsündenlehre darzustellen. Der bleibende Kerngedanke ist, dass alle Menschen in die Sünde Adams verstrickt sind, so wie sie in die Gerechtigkeit Jesu Christi einbezogen sind. Adam steht hier als ein Bild für den Menschen. Das Gegenbild ist Jesus Christus. Die Weitergabe der Sünde bezeichnet der Katechismus der Katholischen Kirche als ein Geheimnis, das wir nicht völlig verstehen können.

Von der Erbsünde ist jeder Mensch betroffen, sie ist aber keine persönliche Schuld. Der Begriff der Erbsünde macht eine Aussage über den Zustand des Menschen: Alle Menschen neigen zum Bösen, sind in das Böse verstrickt, obwohl sie gut geschaffen sind. Die Lehre von der Erbsünde will sagen: Aus den Sünden der Einzelnen ergeben sich schuldhafte Strukturen, die Auswirkungen auf unseren Handlungsspielraum haben. Wir leben und handeln in einer von der Sünde geprägten Welt.

AK

Maria – Jungfrau und Mutter

Die lehramtlich ausgesprochene Jungfräulichkeit Mariens »vor, in und nach der Geburt« kann doch nicht biologisch-anatomisch gemeint sein. Aber wie dann? Was sagt heute das Lehramt?

In Diskussionen um katholische Theologie und Kirche werde ich immer wieder auf die Jungfräulichkeit Mariens angesprochen. Wie man das als vernünftiger Mensch heute noch glauben könne, lautet dann die Frage bzw. der Vorwurf.

Die Jungfräulichkeit Mariens ist in der Tat erklärungsbedürftig geworden. Viele tun sich schwer mit dieser Glaubensaussage. Aber sie lässt sich, so meine ich jedenfalls, plausibel machen.

Zunächst kann man feststellen, dass die Aussage des Glaubensbekenntnisses »geboren von der Jungfrau Maria« durch das Neue Testament gedeckt ist. Auf die Verheißung der Geburt Jesu im Lukasevangelium erwidert Maria dem Engel: »Wie soll das geschehen, da ich keinen Mann erkenne?« Darauf antwortet ihr der Engel: »Der Heilige Geist wird über dich kommen, und die Kraft des Höchsten wird dich überschatten. Deshalb wird auch das Kind heilig und Sohn Gottes genannt werden« (Lk 1, 34–35).

Das Matthäusevangelium sieht in der Jungfräulichkeit Mariens die Erfüllung einer alttestamentlichen Verheißung. Beim Propheten Jesaja findet sich eine Weissagung über den Immanuel: »Darum wird euch der Herr von sich aus ein Zeichen geben: Seht, die Jungfrau wird ein Kind empfangen, sie wird einen Sohn gebären, und sie wird ihm den Namen Immanuel (Gott mit uns) geben« (Jes 7, 14). Die Exegeten sind sich nicht einig darüber, ob man das entsprechende Wort im Hebräischen besser mit »junge Frau« oder mit »Jungfrau« übersetzen soll. In der griechischen Übersetzung des Alten Testaments steht »Jungfrau«. Matthäus jedenfalls sieht diese messianische Weissagung in der jungfräulichen Geburt Jesu erfüllt. Und in diesem Sinne haben auch die Kirchenväter die Stelle bei Jesaja gedeutet.

Das Neue Testament sieht also in den Umständen der Geburt Jesu ein von Gott gewirktes Wunder. »Denn für Gott ist nichts unmöglich«, erläutert der Verkündigungsengel bei Lukas (Lk 1, 37). Damit ist die Frage nach der Möglichkeit von Wundern und, damit zusammenhängend, nach der Allmacht Gottes aufgeworfen.

Trauen wir es Gott zu, dass er ein solches Wunder wirkt? Im Zentrum des christlichen Glaubens steht ein noch größeres Wunder, das der Auferstehung.

Die immerwährende Jungfräulichkeit Mariens (vor, während und nach der Geburt) will nicht eine besondere Art der Geburt Jesu aussagen, sondern dass Maria keine weiteren Kinder bekommen hat. Die Jungfräulichkeit Mariens darf nicht als Abwertung von Ehe und Familie missverstanden werden. Es geht um die Besonderheit des Sohnes Gottes und um die Frau, die ihn geboren hat.

AK

Als der Sohn am Kreuze litt

Wenn Vater, Sohn und Geist in Gott eins sind, was passierte dann beim Tod des Sohnes? Sind Vater und Geist mit gestorben? Wie kann dann Auferstehung gedacht werden?

Ihre Frage wurde so ähnlich schon im 2. Jahrhundert n. Chr. gestellt. Lehren wie der so genannte »Monarchianismus« und »Modalismus« nahmen an, Vater, Sohn und Heiliger Geist seien nur nacheinander und vorübergehend angenommene Erscheinungsformen des einen Gottes, der sich in diesen Erscheinungsformen zeige und zu den Menschen spreche. Noetos, ein Theologe, der um das Jahr 170 in Smyrna lebte, meinte, die Schriftworte über Vater, Sohn und Geist seien nur über »Einen« gesagt. Der Vater und der so genannte Sohn seien ein und derselbe; der Vater selbst sei geboren worden und habe gelitten. Praxeas, ein Zeitgenosse des Noetos, behauptete, nur das Fleisch Jesu trage den Namen Sohn, das Göttliche in ihm sei der Geist, Gott der Vater, Christus. In der Passion (Leiden) habe das Fleisch, also Jesus, gelitten, der Geist, also der Vater, habe am Leiden teilgenommen. Dieses Mitleiden des Vaters und die Lehre des Praxeas nannte der Kirchenschriftsteller Tertullian († 220) »Patripassianismus« und verteidigte diesem gegenüber die Lehre von der »Dreiheit« Gottes, der bleibend verschiedenen Personen Vater, Sohn und Geist, und bot damit eine Grundlage für die spätere Entfaltung der abendländischen Trinitätstheologie.

Im Kreuz Jesu Christi setzt sich Gott selbst in Freiheit den Folgen und dem Fluch der Sünde aus, ohne im Tod unterzugehen. Beim Tod Jesu sind also der Vater und der Geist nicht mit Jesus gestorben, und folglich sind sie auch nicht von den Toten auferstanden. Auferstanden von den Toten ist der gekreuzigte Herr Jesus Christus.

Vor allem die frühchristliche Theologie erklärte die Leidensunfähigkeit Gottes zu einer der göttlichen Wesenseigenschaften. Die scholastische Theologie des Hochmittelalters sah das Leiden Jesu Christi im Zusammenhang mit seiner Sündenlosigkeit: Die göttliche Natur Jesu Christi habe alle Schwächen und Unvollkommenheiten der Menschennatur angenommen, die nicht durch die Sünde verursacht wurden. In neueren theologischen Überlegungen wird oft vom Mitsein Gottes mit der leidenden Kreatur und seiner Solidarität mit den Leidenden gesprochen. Durch die Menschwerdung (Inkarnation) verbindet sich Jesus Christus, der wahre Gott und wahre Mensch, mit den Menschen und stellt so das mit Gott verbundene Sein dar. In der Person Jesu Christi sind die göttliche und die menschliche Natur miteinander verbunden – auch im Leiden. Im Leiden Jesu Christi zeigt sich Gott mit den Menschen solidarisch, und in der Auferstehung Jesu Christi von den Toten lässt Gott die Menschen teilhaben an der Überwindung der Gottesferne.

HK

Jesu Tod und unsere Erlösung

Warum konnten die Menschen nur durch den Tod Jesu gerettet werden?
Warum mussten die Menschen gerettet werden, und wie konnte das durch
den Tod Jesu geschehen?

Die Botschaft vom Gekreuzigten und Auferweckten ist für menschliche Ohren alles andere als plausibel. Das ist heute so und war am Anfang der Kirche nicht anders. Die ersten Jüngerinnen und Jünger Jesu – allesamt gläubige Juden – mussten ihr Bekenntnis, das Jesus Christus das Heil aller Menschen ist, vor dem Hintergrund der alttestamentlichen Überzeugung begründen, dass Kreuzigung ein Gottesfluch ist (vgl. Dtn 21, 23). Paulus etwa ringt im Galaterbrief (Gal 3, 13) mit diesem Problem. Es ist die zentrale Frage des christlichen Glaubens.

Einen Antworthinweis suchen wir zurecht in der Liturgie der Eucharistiefeier, denn hier verkünden wir den Tod und die Auferstehung Jesu Christi als unsere Erlösung. »Die Sünde hatte die Menschen von dir getrennt, du aber hast sie zu dir zurückgeführt durch das Blut deines Sohnes und die Kraft deines Geistes«, heißt es etwa in einer Sonntagspräfation. Damit sind die wesentlichen Eckpunkte des Zusammenhangs benannt, um den es hier geht.

Jesu Tod war kein katastrophales Zufallsereignis, mit dem er selbst nicht gerechnet hatte. Jesus wusste, was auf ihn zukommen würde. Offen sprach er darüber, auch wenn seine Jünger es bis zuletzt nicht wahr haben wollten. Andererseits ging Jesus auch nicht auf »Befehl des Vaters« in den Tod, so als hätte Gott das Opfer seines Sohnes zur Wiederversöhnung mit den Menschen nötig gehabt oder gar gefordert.

Gottes Wille ist es, uns Menschen aus unserer Verstrickung in Sünde und Schuld zu befreien, uns zu erlösen aus unserer selbst gewählten Gottesferne, die letztlich Tod bedeutet, und uns die Rückkehr an den Platz im Ganzen der wunderbaren Schöpfung Gottes zu ermöglichen, an dem wir unsere Freiheit leben in Verbundenheit mit Gott und den anderen. Das aber konnten die Menschen selbst nicht leisten – so wie der Baron von Münchhausen es beim besten Willen nicht leisten konnte, sich am eigenen Schopf aus dem Sumpf zu ziehen. Darum kam uns Gott in Jesus Christus als Mensch entgegen. Er bezeugte in Worten und Taten, dass Gott Liebe ist und unser Heil will. Er zeigte, wie man Mensch sein kann, ohne im Zerwürfnis mit Gott zu leben. Dazu musste er allerdings auch die »Umkehr der Herzen« fordern. Er tat dies mit dem Anspruch und im Namen Gottes. Und das brachte ihn in den todbringenden Konflikt mit den führenden Kräften seines Volkes.

Jesu Tod war somit eine Folge seines Lebenseinsatzes und seiner Botschaft. Hätte er diese verleugnet, hätte er dem Kreuz entrinnen können. Das aber tat er nicht. Er stand treu zum Willen Gottes, der sein ganzes Leben bestimmte, und wich auch dem Tod nicht aus. Er blieb am Platz seiner einzigartigen Verbundenheit mit Gott stehen. Damit schenkte Jesus allen Menschen die Möglichkeit, aus der Ferne der Sünde umzukehren an die Stelle, wo Gottes Liebe sich am deutlichsten zu erkennen gibt und den äußersten Einsatz zeigt. Am Kreuz machte Jesus sein eigenes Wort wahr: »Denn Gott hat die Welt so sehr geliebt, dass er seinen einzigen Sohn hingab, damit jeder, der an ihn glaubt, nicht zugrunde geht, sondern das ewige Leben hat.« (Joh 3, 16)

GB

Jesus und die Kirche

In einem theologischen Buch las ich, »eine ausdrückliche Stiftungsabsicht und ein formaler Stiftungsakt des historischen Jesus hinsichtlich der konkreten Organisationsform einer von Israel getrennten Kirche sei nicht belegbar«. – Demgegenüber steht in der Kuppel des Petersdoms: »Du bist Petrus, und auf diesen Felsen werde ich meine Kirche bauen.« Können Sie mir weiterhelfen?

Auf die Frage, wann, wo und wie die Kirche begonnen hat, antwortet das Zweite Vatikanische Konzil in der Dogmatischen Konstitution »Lumen gentium«: Die Kirche »war schon seit dem Anfang der Welt vorausbedeutet; in der Geschichte des Volkes Israel und im Alten Bund wurde sie auf wunderbare Weise vorbereitet, in den letzten Zeiten gestiftet, durch die Ausgießung des Heiligen Geistes offenbart, und am Ende der Weltzeiten wird sie in Herrlichkeit vollendet werden« (Art. 2). Um den Willen des Vaters zu erfüllen, »hat Christus das Reich der Himmel auf Erden begründet ... Die Kirche, d.h. das im Mysterium schon gegenwärtige Reich Christi, wächst durch die Kraft Gottes sichtbar in der Welt« (Art. 3).

Nicht wenige tun sich schwer mit der offensichtlichen Spannung, in der die Kirche steht: Sie ist sichtbar und unsichtbar, Institution und geistliches Ereignis, heilig und sündig – und dies in einem und zugleich. Mit Hinweis auf verkrustete Strukturen in der Gegenwart und unrühmliche Episoden in der Geschichte möchte man sehr wohl den idealen Gehalt, nicht aber die konkrete Gestalt der Kirche auf Jesus Christus zurückführen. Vermutlich verbirgt sich eine gewisse »Scham« hinter der Äußerung, die sie zitieren. Deshalb müssen wir der Frage nachgehen, ob und wie die (anstößig) konkrete und stets erneuerungsbedürftige Kirche auf das Handeln Jesu selbst zurückgeht.

Jesu Wirken steht im großen Zusammenhang der Sammlung des endzeitlichen Gottesvolkes. Inmitten der Völker waren Abraham und das große Volk, das aus ihm hervorgehen sollte, zu ihrem Weg durch die Geschichte aufgebrochen. Von Anfang an kennzeichnet ein spannungsvolles Miteinander die Geschichte Gottes mit den Menschen: Israel – erwählt zu Gottes Volk auf der einen Seite, und die Völker – bestimmt zur Teilhabe am Segen Israels auf der anderen Seite. In dieser Linie stehen die Sendung und Botschaft des Messias Jesus Christus vom Reich Gottes. Was der irdische Jesus tat, richtete sich nicht unmittelbar auf die Kirche, sondern auf die Sammlung des endzeitlichen Israel: vor allem die gemeinschaftsbildenden Zeichen des ankommenden Reiches Gottes, wie die Wahl und Aussendung der Zwölf mit Petrus als ihrem Haupt, Heilungen und Dämonenaustreibungen, Sündenvergebung und das Jesu Lebenshingabe vorwegnehmende Abendmahl. Als sich nach Ostern zeigte, dass der größere Teil Israels nicht zum Glauben an Jesus kam, wurden diese Zeichen als Vorformen der sich nachösterlich bildenden Kirche aufgegriffen und aktualisiert. Zwischen dem Wirken des irdischen Jesus und der Entfaltung der Kirche nach Ostern lässt sich mithin eine Kontinuität in der Struktur nachweisen, so dass man zu Recht von einer Stiftung der Kirche durch Jesus sprechen kann. In Jesu ganzem Wirken, seinem irdischen Leben, seinem Tod und seiner Auferweckung durch Gott, liegt der Grund der Kirche. Sie ist – wenn auch im Mysterium (denn sie ist noch nicht vollendet) und unvollständig (denn noch fehlt das jüdische Gottesvolk) – das endzeitliche Israel.

GB

Kein Abschied vom Jenseits

Braucht der moderne Mensch kein Jenseits mehr? Sind Christen, die an die eigene Auferstehung und an ein ewiges Leben glauben, eine Minderheit? Ist die provozierende Botschaft Brechts »Lasst euch nicht verführen, es gibt keine Wiederkehr« heute zur Alltagsphilosophie geworden?

Mehr als fünfzig Jahre sind vergangen, seitdem Bertolt Brecht seine Religionskritik vortrug. Er tat es im Namen eines sich von Gott emanzipierenden Menschen, der mit der Endlichkeit seines Lebens anders fertig werden will als durch religiöse Bindung und Glaubensüberzeugung. Damals wurde hart gestritten. Der Atheismus verbündete sich mit der marxistischen Weltanschauung gegen das Christentum. Das alles ist Vergangenheit. Geblieben ist – wie Sie zu Recht bemerken – eine »Alltagsphilosophie«, in der die Orientierung am Diesseits den Glauben an ein Jenseits weithin abgelöst hat: Das Leben gilt als letzte und einzige Gelegenheit. Die Angst vor dem Tod hat an Bedeutung verloren gegenüber der Angst, nicht intensiv genug gelebt zu haben. »Alles ist machbar«, suggeriert die Werbeindustrie und gaukelt eine vermeintliche Unendlichkeit in unserer Endlichkeit vor. Spaßgesellschaft, Körperkult und die Verdrängung von Tod und Sterben markieren die Hinwendung zur Diesseitigkeit, die sich innerhalb weniger Jahrzehnte vollzogen hat. Auch unter Getauften schwindet der Glaube an die christlichen Wahrheiten über das Leben nach dem Tod, über Auferstehung, Jenseits, Himmel und Hölle.

Braucht der moderne Mensch kein Jenseits mehr? Auf den ersten Blick ist man geneigt zu sagen: Offensichtlich kommen Menschen ganz gut ohne diesen Glauben aus. Näher betrachtet wird jedoch die »Kurzsichtigkeit« einer auf das Hier und Heute eingeschränkten Lebensperspektive deutlich: Unter dem Schleier der Erlebnisgesellschaft gähnt viel Langeweile. Die Grenzen des (unaufhaltsam geglaubten) Fortschritts sind längst angezeigt; sie rufen Konflikte und Krisen hervor, wie wir sie weltweit und in den gesellschaftlichen Spannungen hierzulande erleben. Wenn die Menschenwürde sich nicht mehr aus der Heiligkeit des Schöpfergottes unantastbar und absolut begründet, dann kann sie zuerkannt oder aberkannt werden, je nach »Brauchbarkeit« – und menschliches Leben ist bedroht. Vor allem aber lösen alle noch so genialen Verdrängungsversuche die Rätsel und Grundfragen des Daseins nicht auf: Was ist der Mensch? Was sind Sinn und Ziel unseres Lebens? Woher kommt das Leid, und welchen Sinn hat es? Was ist der Tod?

Mit unserem Glauben können wir Christinnen und Christen – selbst als Minderheit – in dieser Situation Antworten anbieten, sie müssen sich allerdings im konkreten Leben tragfähig erweisen. Menschen werden neugierig, wenn sie an uns eine Gelassenheit bemerken, die daher rührt, dass wir nicht nur die Zukunft, sondern auch die Ewigkeit als »Nachbarn der Gegenwart« betrachten. Die Sinnspitze unseres Glaubens ist ja nicht ein unbestimmtes »Jenseits«, auf das man Menschen vertrösten könnte, denen hier auf Erden Ungerechtigkeit und Benachteiligung widerfährt, sondern Gottes Ewigkeit. Wir lassen uns nicht mit dem Hier und Jetzt vertrösten, sondern nehmen uns selbst, andere Menschen und die Schöpfung ganz ernst, weil wir vor Gott dafür Verantwortung tragen. Er ist diesseits und jenseits das »Ein-und-alles« (vgl. 1 Kor 15, 28), auf das wir hoffen – der unendlich weite Horizont unseres Lebens.

GB

Wiedergeburt und Auferstehungsglaube

Was unterscheidet den Glauben an eine Wiedergeburt (Reinkarnation) vom christlichen Verständnis der Auferstehung?

Experten gehen davon aus, dass bis zu einem Drittel unserer Bevölkerung die Idee einer Reinkarnation bejaht oder zumindest mit ihr sympathisiert. Selbst unter praktizierenden Christen, das haben Umfragen gezeigt, gibt es Anhänger dieser Vorstellung. Mit dem Christentum ist sie allerdings nicht vereinbar – und zwar aus folgenden Gründen:

Der christliche Glaube geht von der Einmaligkeit, Befristung und Zielgerichtetheit der Zeit aus. Das menschliche Leben ist nicht wiederholbar. Es beginnt und endet und hat ein Ziel. Dadurch gewinnt es seinen Ernst. Dem steht die Auffassung der Wiederholung in der Reinkarnation diametral gegenüber. Es ist »dem Menschen«, so heißt es im Hebräerbrief (9, 27), »bestimmt, ein einziges Mal zu sterben, worauf dann das Gericht folgt«. Man könnte auch sagen, das Leben ist immer »Ernstfall«. Wenn man mehrere Leben hintereinander hätte, würde man dadurch das einzelne Leben entwerten.

Ein Weiteres kommt hinzu: Häufig sind Wiedergeburtsvorstellungen mit einem unchristlichen Dualismus verbunden. Der Dualismus teilt den Menschen auf: in einen Geist, eine Seele oder dergleichen und in einen Körper oder Leib. Die Seele ist dabei das Eigentliche, der Leib wird austauschbar. Demgegenüber besteht die christliche Theologie auf der Einheit von Leib und Seele beim Menschen. An dieser Stelle muss man allerdings einräumen, dass die Kirche dualistischen Gedanken nicht immer ausreichend Widerstand geleistet hat. Vor allem aus der griechischen Philosophie haben dualistische Strömungen Eingang in das Christentum gefunden.

Schließlich steckt hinter den Wiedergeburtslehren die Auffassung, dass der Mensch sich selbst erlösen muss. Da dafür ein Leben nicht ausreicht, braucht es eben mehrere Wiederholungen, in denen man sich bewähren muss. Nach christlicher Überzeugung führt aber Gott selbst, und nicht der Mensch, die Vollendung herauf. Bei der Auferstehung kehren wir nicht in einen irdischen Leib zurück, sondern erhalten einen verwandelten Leib.

Vielleicht kann ein Vergleich den Unterscheid zwischen Wiedergeburt und Auferstehung verdeutlichen: Wer an die Wiedergeburt glaubt, denkt sich das Leben kreis- oder spiralförmig, je nachdem, ob die Wiedergeburten ein Ende haben oder nicht. Wer dagegen auf die Auferstehung hofft, stellt sich das Leben wie eine Linie vor. Der Tod wäre dann ein Knick oder eine Unterbrechung dieser Linie.

AK

Wir bekennen die eine Taufe

Gibt es für Kinder aus einer konfessionsverschiedenen Ehe eine »ökumenische Taufe« – besonders dann, wenn nach einer ökumenischen Trauung die Eltern jeweils ihrer Kirche treu bleiben wollen und daher unsicher sind, in welcher Konfession das Kind getauft werden soll?

Durch den Empfang des Sakramentes der Taufe werden Menschen Christen. Genau genommen gibt es nur eine Taufe, die christliche. Vielleicht könnte man diese auch als »ökumenisch« betrachten. Da aber das von einem katholischen oder einem evangelischen Geistlichen gültig gespendete Sakrament auch eine rechtliche Wirkung hat und die Mitgliedschaft in der jeweiligen Kirche oder Konfession begründet, handelt es sich entweder um eine katholische oder eine evangelische Taufe. Im Sinn Ihrer Frage gibt es keine ökumenische Taufe.

Auch die so genannte ökumenische Trauung ist entweder eine katholische oder eine evangelische Trauung: Wenn in einer katholischen

Kirche ein katholischer Geistlicher (Pfarrer oder Diakon) der Eheschließung assistiert, handelt es sich um eine katholische Trauung, an
der ein evangelischer Geistlicher (Pfarrer oder Pfarrerin) mitwirkt.
Wenn in einer evangelischen Kirche ein evangelischer Geistlicher
die Feier leitet, handelt es sich um eine evangelische Trauung, genauer
gesagt, um einen Gottesdienst anlässlich der Trauung, an dem ein
katholischer Geistlicher mitwirkt.

Ähnlich wie bei der so genannten ökumenischen Trauung könnte ein
Gottesdienst für die Taufe gestaltet sein: Bei der Feier der Taufe, die
ein katholischer Pfarrer oder Diakon in einer katholischen Kirche
spendet, übernimmt ein evangelischer Pfarrer oder eine Pfarrerin
Teile der Liturgie, zum Beispiel die Predigt. Es wäre eine katholische Taufe. Bei der Feier der Taufe in einer evangelischen Kirche
übernimmt ein katholischer Pfarrer Teile der Liturgie, die Taufe
selbst spendet ein evangelischer Geistlicher. Es wäre eine evangelische Taufe.

Ein Problem liegt im Versprechen der katholischen Partner von
konfessionsverschiedenen Ehen vor der Eheschließung. Im Vorbe-
reitungsprotokoll heißt es: »Als katholischer Christ haben Sie die
Pflicht, Ihre Kinder in der katholischen Kirche taufen zu lassen und
im katholischen Glauben zu erziehen. Versprechen Sie, sich nach
Kräften darum zu bemühen, dieses sittliche Gebot zu erfüllen, soweit
das in Ihrer Ehe möglich ist?« Nicht immer lassen sich katholische
Partner leicht überzeugen, dass sie die Frage bejahen, obwohl die
Bejahung der Frage letztlich die Entscheidung offen lässt, in welcher
Kirche die Kinder getauft werden. Dass Eltern ihrer jeweiligen
Kirche treu bleiben möchten und daher oft unsicher sind, in welcher
Konfession sie ihr Kind taufen lassen sollen, verstehe ich. Hier ist
ökumenische Seelsorge für konfessionsverschiedene Ehen gefragt
und wichtig.

HK

Jesus und die Sakramente

Im neuen Kompendium des Katechismus der katholischen Kirche lese ich,
das Sakrament der Krankensalbung sei von Christus selbst eingesetzt wor-
den. Nun beschäftigt mich die Frage, wann und wo dies geschah? Werden
etwa die Krankenheilungen im Neuen Testament so interpretiert?

Jesus Christus ist das Sakrament Gottes für die Menschen.
Durch ihn hat Gott uns seine Treue und bleibende Nähe offenbart.
Alle anderen Sakramente sind Ausfaltungen und Konkretisierungen
dieses Ursakramentes. Weil sich die Kirche – wie schon der Apostel Paulus (vgl. 1 Kor 4, 1) – als Dienerin Jesu Christi und als Ver-
walterin der Geheimnisse Gottes versteht, kann sie die Sakramente
als wirksame Zeichen des nahe gekommenen Heils nicht in eigener
Vollmacht einführen. Deren Einsetzung geht auf Jesus Christus zurück, den einen Mittler zwischen Gott und den Menschen.
Diese Lehre besagt allerdings nicht, dass Jesus während seines irdischen Lebens alle Sakramente eingesetzt hat, wie dies etwa von
der heiligen Eucharistie gilt. Die Einsetzung kann ebenso durch
den auferstandenen und erhöhten Herrn geschehen sein, wie etwa
bei Taufe und Bußsakrament. Es braucht auch nicht in jedem
Fall ein ausdrückliches Stiftungswort Jesu. Es genügt, wenn die
Sakramente ihrem Wesen nach der Absicht Jesu entsprechen, in
Worten und Taten die bereits angebrochene Gottesherrschaft zu
bezeugen. Wenn die katholische Kirche davon ausgeht, dass dies
für jedes der sieben Sakramente gilt, dann steht die Überzeugung
dahinter, dass der Herr durch seinen Heiligen Geist bis zum Ende
der Zeiten bei der Kirche bleibt, um sein Werk auszulegen und zu
vergegenwärtigen.
In diesem Sinne wurde auch das Sakrament der Krankensalbung
»von Christus selbst eingesetzt« (Kompendium des Katechismus
der katholischen Kirche, Nr. 315), denn es ist grundgelegt in Jesu
gesamtem Verhalten gegenüber den Kranken.

Bei ernsthafter Erkrankung wird uns unsere Endlichkeit und Hin-
fälligkeit stärker bewusst als sonst. Krankheit kann als Vorbote
des Todes gelten. Die Heilige Schrift sieht in der Bedrohung des
Menschen durch Krankheit ein Zeichen dafür, dass wir in einer
Welt leben, die durch die Sünde gestört und noch nicht unter die
volle Herrschaft Gottes zurückgeführt ist. Allerdings lehnt es das
Neue Testament ab, in der Krankheit des Einzelnen unmittelbar
eine Strafe für persönliche Schuld zu sehen. Vielmehr will uns das
Evangelium sagen: Gott will das Leben. Es zeigt Jesus als den groß-
en Gegner und Überwinder von Krankheit, Schuld und Tod, und
es sieht in den Krankenheilungen Jesu Zeichen dafür, dass Gottes
Reich anbricht – was für den Menschen Heilung und Heil an Leib
und Seele bedeutet. Mit dem Auftrag: »Heilt Kranke« (Mt 10, 8) hat
Jesus seine Sorge für die Kranken auch seinen Jüngern übertragen.
Im Bericht über die Aussendung der Zwölf heißt es: »Sie trieben
viele Dämonen aus und salbten viele Kranke mit Öl und heilten
sie.« (Mk 6, 13) Aus dieser Praxis hat sich in den urchristlichen
Gemeinden die Krankensalbung entwickelt, wie sie im Jakobusbrief
(5, 14–15) bezeugt ist: »Ist einer von euch krank? Dann rufe er die
Ältesten der Gemeinde zu sich; sie sollen Gebete über ihn sprechen
und ihn im Namen des Herrn mit Öl salben. Das gläubige Gebet
wird den Kranken retten, und der Herr wird ihn aufrichten; wenn
er Sünden begangen hat, werden sie ihm vergeben.«

GB

Brot und Wein – wirklich verwandelt

Katholische Christen glauben, dass in der Eucharistiefeier die Gestalten von Brot und Wein wirklich in den Leib und das Blut Jesu Christi verwandelt werden, dass wir den göttlichen Heiland in der heiligen Kommunion empfangen und dass er im Tabernakel wahrhaft zugegen ist. Was lehrt diesbezüglich die evangelische Kirche?

»Das ist mein Leib« und »das ist mein Blut« – so heißt es in den Abendmahlsberichten im Neuen Testament (Mk 14, 22+24; Mt 26, 26–27; Lk 22, 19). Daraus und aus der Aufforderung, dies zu seinem Gedächtnis zu tun (Lk 22, 19), leitet die katholische Kirche die wahre, wirkliche und wesentliche Gegenwart Jesu Christi in Brot und Wein in der Eucharistie ab. Für die katholische Kirche ist eine maßgebliche Auffassung die von der Transsubstantiation, von der Wesensverwandlung. Sie besagt, dass Brot und Wein ihrem inneren Wesen nach in Leib und Blut Jesu Christi verwandelt werden. Diese Verwandlung dauert nach katholischer Überzeugung über die eucharistische Feier hinaus an. So lehrt das Vierte Laterankonzil (1215): »Sein Leib und Blut ist im Sakrament des Altares unter den Gestalten von Brot und Wein wahrhaft enthalten, nachdem durch Gottes Macht das Brot in den Leib und der Wein in das Blut wesensverwandelt sind.« Und das Konzil von Trient hat 1551 formuliert, »dass in dem erhabenen Sakrament der heiligen Eucharistie nach der Weihe (Konsekration) von Brot und Wein unser Herr Jesus Christus als wahrer Gott und Mensch wahrhaft, wirklich und wesentlich unter der Gestalt jener sichtbaren Dinge gegenwärtig ist«.

Die Auffassungen von Luther, Calvin und Zwingli waren nicht einheitlich. Sie theologiegeschichtlich darzustellen ist hier nicht der Raum. Werfen wir deswegen einen Blick auf die gegenwärtige evangelische Lehre. 1973 kam es in der Leuenberger Konkordie zu einer Verständigung der meisten reformatorischen Kirchen über eine gemeinsame Position sowie zu einer Kanzel- und Abendmahls-gemeinschaft. In der Nummer 16 dieses Dokuments lesen wir zum Abendmahl: »Wir bekennen die Gegenwart des auferstandenen Herrn unter uns.« Und in der Nummer 18: »Im Abendmahl schenkt sich der auferstandene Jesus Christus in seinem für alle dahinge-gebenen Leib und Blut durch sein verheißendes Wort mit Brot und Wein. So gibt er sich vorbehaltlos allen, die Brot und Wein empfangen.«

Die Differenz zwischen katholischer und evangelischer Kirche liegt also nicht in der Frage, ob Jesus Christus in Brot und Wein ge-genwärtig ist, sondern wie und ob diese Gegenwart über die Feier hinaus andauert. Der Evangelische Erwachsenen-Katechismus von 2000 schreibt in wünschenswerter Klarheit: »Die schärfste Kri-tik an der Transsubstantiationslehre kommt von der reformierten Kirche. Auch sie hält daran fest, dass Christus im Abendmahl ge-genwärtig ist und den Gläubigen seine Gemeinschaft schenkt. Es widerspricht aber nach ihrer Überzeugung der Freiheit und Ehre Gottes, sich an so irdische Dinge wie Brot und Wein zu bin-den. Die Elemente sind vielmehr Zeichen, die von der Sache (Leib und Blut) getrennt sind, aber auf diese überirdische Wirklich-keit hinweisen. Während die Gläubigen Brot und Wein empfan-gen, werden sie zugleich durch den Heiligen Geist mit Leib und Blut Christi, der im Himmel ist, vereinigt.« Selbstkritisch fügen die Autoren an: »Die kritische Frage anderer Konfessionen lau-tet: Wird das Abendmahl durch die Trennung von Zeichen und Sache nicht verflüchtigt?«

Gespräche zwischen den Kirchen haben zu einer gewissen Annä-herung und zu gemeinsamen Dokumenten geführt. So heißt es in der gemeinsamen Erklärung »Das Herrenmahl« von 1978: »Im Sakrament des Abendmahls ist Jesus Christus, wahrer Gott und wahrer Mensch, voll und ganz mit seinem Leib und seinem Blut unter dem Zeichen von Brot und Wein gegenwärtig.« Solche Worte mögen Mut machen. Trotz aller Schwierigkeiten dürfen die ökumenischen Bemühungen nicht nachlassen, widerspricht doch die gegenwärtige Situation dem Wunsch des Herrn, dass sie alle eins seien (vgl. Joh 17, 21).

AK

Warum der Papst nicht kommunizierte

Bei seiner Reise in die Türkei nahm Papst Benedikt XVI. im Jahr 2006 auch an einem orthodoxen Gottesdienst teil, empfing dabei aber nicht die heilige Kommunion. Besteht denn zwischen der orthodoxen und der katholischen Kirche keine Mahlgemeinschaft?

Die Eucharistie ist die sakramentale Feier der Gemeinschaft der Glaubenden mit Jesus Christus und untereinander. Das betont bereits der Apostel Paulus im 1. Korintherbrief (1 Kor 10, 16–17). Daher setzt die Teilnahme an ihr die Zugehörigkeit zur Kirche voraus. Seitdem durch die Tragik der Geschichte getrennte kirchliche Gemeinschaften entstanden sind, ist die Eucharistiegemeinschaft aller Christen miteinander keine Selbstverständlichkeit mehr. Im Land der Reformation tritt die Wunde der verlorenen Einheit besonders schmerzlich zutage.

Aber auch zwischen den orientalischen Kirchen und der katholischen Kirche besteht keine volle Gemeinschaft. Der Leitungsanspruch des Papstes als Nachfolger des Apostels Petrus für die ganze Kirche ist weiterhin strittig. Im Bereich des Glaubens besteht allerdings mit den Ostkirchen eine ganz enge Verwandtschaft. So glauben wir, dass ihre Sakramente gültig sind. Dies betrifft neben der Taufe vor allem die Eucharistie und das Weihesakrament. Zwischen den Ostkirchen und der katholischen Kirche ist eine Kommuniongemeinschaft also grundsätzlich möglich. Es fehlt sozusagen nur die äußere Kirchengemeinschaft. Darum heißt es im römischen »Direktorium zur Ausführung der Prinzipien und Normen über den Ökumenismus« von 1993: »Wenn die Notwendigkeit es erfordert oder ein wirklicher geistlicher Nutzen dazu rät …, ist es jedem Katholiken, dem es physisch oder moralisch unmöglich ist, einen katholischen Spender aufzusuchen, erlaubt, die Sakramente der Buße, der Eucharistie und der Krankensalbung von einem nichtkatholischen Spender einer Ostkirche zu empfangen« (Nr. 123). Und umgekehrt:»Die katholischen Spender können erlaubt die Sakramente der Buße, der Eucharistie und der Krankensalbung Mitgliedern der orientalischen Kirchen spenden, wenn diese von sich aus darum bitten« (Nr. 125). So sieht es die katholische Kirche.

Es ist aber bekannt, dass die orientalischen Kirchen aufgrund ihres eigenen Kirchenverständnisses strengere Ordnungen haben, die es zu respektieren gilt. Nur mit der syrisch-orthodoxen Kirche besteht bislang eine entsprechende Übereinkunft. Deshalb findet sich im Ökumenischen Direktorium ausdrücklich der Hinweis, die orientalische Ordnung hinsichtlich der Häufigkeit des Kommunionempfangs, der Beichte vor der Kommunion und der eucharistischen Nüchternheit genau zu beachten und in solchen Fällen vom Kommunionempfang abzusehen, »wenn diese Kirche die sakramentale Gemeinschaft nur ihren eigenen Gläubigen gewährt und alle anderen ausschließt« (Nr. 124). Daran hat sich Papst Benedikt XVI. bei seiner Reise in die Türkei klugerweise gehalten.

GB

Mit Leib und Seele im Himmel

In der Dogmenverkündigung von 1950 heißt es wörtlich, dass die »immer jungfräuliche Gottesmutter Maria nach Vollendung ihres irdischen Lebenslaufes mit Leib und Seele zur himmlischen Herrlichkeit aufgenommen worden ist.« Was ist damit genau gemeint, worin unterscheidet sich der Vorgang von dem, was alle gläubigen Christen als »leibliche Auferstehung« für sich erwarten?

Der Glaube an die Aufnahme Mariens in den Himmel ist eine Konsequenz aus der besonders engen Verbundenheit der Gottesmutter mit ihrem Sohn Jesus Christus. Gemeinschaft mit Christus bedeutet, an seinem Kreuz und an seiner Auferstehung teilzuhaben. Bei Maria ist bereits vorweggenommen, wozu alle Christen berufen sind: die Auferstehung des Leibes, das Leben bei Gott mit Leib und Seele. Was der Apostel Paulus schreibt, das durfte Maria am Ende ihres Lebensweges erfahren: »Verschlungen ist der Tod vom Sieg« (1 Kor 15, 54). Was aber hat uns Maria nun eigentlich »voraus«? Was wurde ihr als besondere Gnade Gottes geschenkt? Und: Was ist ihr am Ende ihres Lebens erspart geblieben?

Alle Menschen müssen sterben. Sterben ist ein natürlicher Vorgang. Und doch ist es nicht nur eine biologische Notwendigkeit. Wir Menschen erschrecken – anders als Pflanzen und Tiere – vor dem Tod, weil wir uns seiner zerstörerischen Macht bewusst sind. Die Heilige Schrift bringt den Tod mit der Sünde in Zusammenhang, die von Anfang an das Menschenleben stört. Paulus sagt es so: »Durch einen einzigen Menschen kam die Sünde in die Welt und durch die Sünde der Tod …« (Röm 5, 12). Im Verständnis unseres Glaubens ist Gott der Schöpfer des Lebens, und er will, dass seine Geschöpfe leben. Jede Störung der Gottesbeziehung (das ist die Sünde) mindert das Leben und muss letztlich als todbringend angesehen werden. Das soll nicht heißen, dass wir Menschen ohne die Sünde nicht sterben müssten. Aber wir müssten den Tod dann wohl nicht als Katastrophe und sinnlosen Zusammenbruch erfahren. Der Tod würde nicht als Ende, sondern als Umwandlung und Vollendung empfunden; er hätte seinen Schrecken verloren.

Die Kirche glaubt, dass die Gottesmutter vom ersten Augenblick ihres Daseins an vom Makel der Urschuld unversehrt bewahrt blieb und dass sie auch im Leben nicht gesündigt hat. Dies wurde ihr von Gott im Hinblick auf die Erlösung durch Jesus Christus als Gnade geschenkt. Ihr gläubiges Leben und ihre Gottesbeziehung blieben ungestört lebendig. Darum bewahrheitete sich im Augenblick ihres Sterbens: »Deinen Gläubigen, o Herr, wird das Leben gewandelt, nicht genommen. Und wenn die Herberge der irdischen Pilgerschaft zerfällt, ist uns im Himmel eine ewige Wohnung bereitet« (Präfation von den Verstorbenen I). Wir dagegen, von der Sünde gezeichnet, müssen auch die Dunkelheit des Todes erleiden, die Auflösung der Einheit unseres Menschseins aus Leib und Seele, die Verwesung unseres irdischen Körpers. Der Glaube an den auferstandenen Erlöser lässt uns aber hoffen, dass »wir im Tode nicht untergehn« (Präfation von den Verstorbenen II), sondern dass Gott auch unseren Leib zu neuem und unvergänglichem Leben auferweckt. Als »Zeichen der sicheren Hoffnung und des Trostes« leuchtet die Mutter Jesu durch ihre Verherrlichung »dem wandernden Gottesvolk voran«, so betont das Zweite Vatikanische Konzil (Kirchenkonstitution »Lumen gentium«, Art. 68).

GB

Maria – Königin

In der Lauretanischen Litanei stehen mehrere Anrufungen der Muttergot-
tes, die sie als »Königin« bezeichnen. Ich glaube nicht so recht daran,
dass sie sich als Königin gefühlt hat. Als sie den Heiland empfing, war
sie doch ein einfaches Mädchen.

Da gebe ich Ihnen recht: Ganz sicher hat sich Maria, die »Frau aus dem Volke« (so in der Liedstrophe im Gotteslob, Nr. 594, 3) nicht als Königin gefühlt. Ihr Titel »Königin« oder »Himmelskönigin« steht in Verbindung mit dem Glauben, dass Maria nach ihrem Tod in den Himmel aufgenommen und verherrlicht wurde. Angeregt durch das Glaubensmotiv der Himmelfahrt Mariens, schufen vor allem Künstler in der Zeit der Gotik das Bild der Krönung Mariens: Maria empfängt von Jesus Christus oder vom dreifaltigen Gott die Krone. Ein anderes Motiv ist das der königlichen Braut, die neben Christus, dem König, auf dem Thron sitzt. Durch ihre enge Beziehung zu Christus und zum dreifaltigen Gott wird sie zur Fürsprecherin für die Menschen, was zur Lauretanischen Litanei passt.

Von der »Krone des Lebens«, oft übersetzt mit »Kranz«, und von der »Krone der Gerechtigkeit« als Belohnung Gottes für alle, deren Glauben sich bewährt hat, ist in Apostelbriefen die Rede. Die Offenbarung des Johannes (12, 1) spricht vom großen Zeichen am Himmel, einer Frau, »mit der Sonne bekleidet ... und ein Kranz von zwölf Sternen auf ihrem Haupt«, was an eine Krone erinnert. Dieser Text gehört zu den Lesungen am Fest der Aufnahme Mariens in den Himmel.

Der Titel »Königin« findet sich in mittelalterlichen Marianischen Antiphonen, Marienliedern zum Abschluss des täglichen Stundengebetes. Zu ihnen gehören zum Beispiel das »Salve Regina« (»Sei gegrüßt, o Königin«) und das »Regina caeli«, uns vertraut als »Freu dich, du Himmelskönigin«. Seit etwa 1170 ist diese Antiphon in Rom bekannt. Sie wird in der Osterzeit gesungen und ersetzt dann das Tagzeitgebet, den »Engel des Herrn«.

Die Lauretanische Litanei, benannt nach dem italienischen Wallfahrtsort Loreto, bestätigte Papst Sixtus VI. im Jahr 1597, sie ist aber älter. Sie wurde im Marianischen Jahr 1954 ergänzt, zu dessen Abschluss Pius XII. das Fest »Maria Königin« einführte, das nach der Liturgiereform auf den 22. August gelegt wurde, den früheren Oktavtag vom Fest der Aufnahme Mariens in den Himmel.

In unserer Zeit sehen viele Gläubige in Maria mehr die Mutter als die Königin und verehren sie als Mutter Jesu und Mutter aller Glaubenden.

HK

Für immer von Gott getrennt

Ist es theologisch erklärbar, dass Menschen wirklich auf Ewigkeit in der Verdammnis der Hölle zugrunde gehen, und wäre es auch nur ein einziger Mensch?

Im »Katechismus der Katholischen Kirche« (Nr. 1033) heißt es: »In Todsünde sterben, ohne diese bereut zu haben und ohne die barmherzige Liebe Gottes anzunehmen, bedeutet, durch einen eigenen freien Entschluss für immer von ihm (d. h. von Gott) getrennt zu bleiben. Diesen Zustand der endgültigen Selbstausschließung aus der Gemeinschaft mit Gott und den Seligen nennt man ‚Hölle'«. Wer sich also selbstverschuldet und bewusst von der Gemeinschaft mit Gott ausschließt, ist in der Hölle, in endgültiger Gottesferne. »Wie der Himmel Gott selbst als für immer gewonnener ist, so ist die Hölle Gott selbst als ewig verlorener« (Katholischer Erwachsenen-Katechismus). Die Ewigkeit der Hölle wird mit der Gerechtigkeit Gottes begründet, zugleich wirft sie

die Frage auf, wie sie sich mit der Barmherzigkeit Gottes vereinbaren lässt. Der Theologe und Kirchenschriftsteller Origenes
(† 254) gab der Barmherzigkeit Gottes den Vorrang mit der Lehre,
am Ende der Zeit komme es zu einer Wiederherstellung (Apoka-
tastasis) der ganzen Schöpfung mit allen Sündern und Verdammten
zu einem Zustand vollkommener Glückseligkeit. Diese Lehre wurde
von der Kirche verurteilt, fand und findet aber immer wieder
Anhänger. Der Gedanke, am Ende schenke Gott allen die ewige
Glückseligkeit, ist durchaus sympathisch und bestechend. Wie passt
aber dazu die Freiheit der Menschen, wenn Gott alle »heim holt«,
auch die, die sich klar gegen ihn entschieden haben? Gott zwingt
schließlich niemanden, ihn zu lieben. Kann jedoch ein Mensch den
eindeutig als Liebe erkannten Gott nicht lieben, ihn also vernei-
nen? »Außerdem bleibt die Möglichkeit eines heilenden Einwirkens
Gottes auf die menschliche Freiheit, ohne sie zu zerstören, offen«
(Herbert Vorgrimler).

Die Aussagen der Bibel geben keine Informationen über die Art
der Höllenstrafen. Biblische Bilder dürfen nicht dazu missbraucht
werden, Menschen einzuschüchtern und sie durch Drohungen und
Angst zu einem bestimmten Verhalten zwingen zu wollen. Sie mahnen die Menschen, ihre Freiheit verantwortungsbewusst zu ge-
brauchen und rechtzeitig umzukehren. Weder die Bibel noch die
Kirche sagen, dass Menschen tatsächlich in der Todsünde sterben
und sich in der Hölle befinden. Auf die Rettung aller Menschen zu
hoffen, ist durchaus erlaubt.

HK

Glaube und Werke

»Was ihr für einen meiner geringsten Brüder getan habt, das habt ihr mir getan« (Mt 25, 40). Wie ist das mit der Rechtfertigungslehre zu vereinbaren? Sind wir »allein aus Gnade und Glauben erlöst« oder kommt es auf unser Verhalten an?

In der »Gemeinsamen Erklärung zur Rechtfertigungslehre des Lutherischen Weltbundes und der Katholischen Kirche von 1997« heißt es: »Es ist unser gemeinsamer Glaube, dass die Rechtfertigung das Werk des dreieinigen Gottes ist ... Allein aus Gnade im Glauben an die Heilstat Christi, nicht auf Grund unseres Verdienstes, werden wir von Gott angenommen und empfangen den Heiligen Geist, der unsere Herzen erneuert und uns befähigt und aufruft zu guten Werken. ... Wir bekennen gemeinsam, dass gute Werke – ein christliches Leben in Glaube, Hoffnung und Liebe – der Rechtfertigung folgen und Früchte der Rechtfertigung sind.« Rechtfertigung und Erlösung sind ein Geschenk Gottes und nicht das Verdienst der Menschen. Anders gesagt: Die Menschen können sich das Heil nicht selbst machen und sich durch gute Werke den Himmel nicht kaufen. Der Glaube selbst, durch den Menschen gerechtfertigt werden, ist ein Geschenk Gottes, und in allem Wirken sind die Menschen auf die Gnade Gottes angewiesen, selbstverständlich auch, wenn sie gute Werke tun. In der oben genannten Erklärung steht weiter: »Wenn Katholiken an der ‘Verdienstlichkeit’ der guten Werke festhalten, so wollen sie sagen, dass nach dem biblischen Zeugnis ein Lohn im Himmel verheißen ist. Sie wollen die Verantwortung des Menschen für sein Handeln herausstellen«.
Ganz wesentlich zum Handeln, für das sich die Glaubenden zu verantworten haben, gehört die Barmherzigkeit bzw. die Unbarmherzigkeit. Jesus nennt Menschen in Not seine geringsten Brüder, mit denen er sich identifiziert. Die Barmherzigkeit, die den

Brüdern und Schwestern Jesu erwiesen oder verweigert wird, ist beim Letzten Gericht der entscheidende Maßstab für das Urteil, ob die Glaubenden mit dem ewigen Leben belohnt oder die, deren Glaube fruchtlos war, mit der ewigen Schande bestraft werden. Die Gerichtsrede in Kapitel 25 des Matthäusevangeliums ist eine sehr ernste Aufforderung an die christliche Gemeinde, Barmherzigkeit zu üben, die guten Werke der Barmherzigkeit zu tun. Das heißt nicht, dass sich »die Gerechten« das ewige Leben durch Werke der Barmherzigkeit verdienen, sondern dass sie als Glaubende »Frucht« bringen, dass ihr Glaube also lebendig ist; denn der Glaube ist »für sich allein tot, wenn er nicht Werke vorzuweisen hat« (Jak 2, 17). Nur ein lebendiger Glaube macht gerecht und rechtfertigt.

HK

Unfehlbar lehren

Welche Verbindlichkeit haben die Lehraussagen der katholischen Kirche? Was hat es mit der »Unfehlbarkeit« auf sich? Welche Voraussetzungen müssen gegeben sein?

Unfehlbarkeit bedeutet, dass entsprechende Lehraussagen der Kirche ohne Irrtum sind. Die Kirche beansprucht Unfehlbarkeit in Sachen des Glaubens und der Moral. Unfehlbarkeit ist eine der ganzen Kirche zukommende Eigenschaft, die vom Papst und von den Bischöfen in einer bestimmten Weise ausgeübt wird. Die Unfehlbarkeit bezieht sich auf den Inhalt, nicht auf die Aussageweise.
Grundsätzlich gilt: Träger des Lehramtes sind: 1. der Einzelbischof, 2. die Gesamtheit aller Bischöfe mit dem Papst, 3. die auf einem Ökumenischen Konzil mit dem Papst versammelten Bischöfe und 4. der Papst. Unfehlbar äußern kann sich nur die Gesamtheit

aller Bischöfe mit dem Papst, die auf einem Ökumenischen Konzil mit dem Papst versammelten Bischöfe und der Papst. Die Absicht, eine unfehlbare Lehraussage zu machen, muss dabei eindeutig feststehen. Das heißt, nicht alles, was der Papst und die Bischöfe sagen, ist unfehlbar.

Der Sache nach begegnet einem die Überzeugung von der Unfehlbarkeit bereits im Neuen Testament. Vor allem Bekenntnissätze, die sich auf Jesus Christus beziehen, werden in der Überzeugung vorgetragen, dass sie absolut wahr und gültig sind. Wenn Paulus schreibt: »Jesus Christus ist der Herr«, oder: »Gott hat ihn von den Toten auferweckt« (vgl. Röm 10, 9), dann ist der Inhalt solcher Sätze sicher.

In der Alten Kirche gelten die Entscheidungen der Ökumenischen Konzilien als unfehlbar. Ab dem Mittelalter bildet sich immer mehr die Überzeugung von der Unfehlbarkeit des Papstes heraus. Auf dem Ersten Vatikanischen Konzil wird sie schließlich definiert. Das Zweite Vatikanische Konzil hat sie bestätigt. Die nichtkatholischen Kirchen lehnen die Unfehlbarkeit des Papstes ab. Aber auch in nichtkatholischen Kirchen gibt es verbindliche Entscheidungen.

Lehraussagen, die nicht unfehlbar sind, sind damit nicht in das Belieben der Gläubigen gestellt. Freilich ist nicht alles gleich bedeutsam, was zum Glauben der Kirche gehört. Den nicht unfehlbaren Äußerungen jedenfalls schuldet der Katholik religiösen Gehorsam, den unfehlbaren religiösen Glaubensgehorsam, wie es das Zweite Vatikanische Konzil formuliert hat.

AK

Treue beeiden

Ich habe gehört, dass eine römische Verlautbarung einen »Treueid« oder »Glaubenseid« von Professoren und Geistlichen verlange. Kann man Treue durch einen Eid beschwören? Und noch fraglicher: Wie kann man durch eine Eidesleistung zur Annahme von bestimmten Glaubensinhalten gezwungen werden?

Vor dem Antritt bestimmter kirchlicher Ämter ist eine Professio fidei, ein Bekenntnis des Glaubens, abzulegen – und zwar »nach der vom Apostolischen Stuhl gutgeheißenen Formel«, wie es im kirchlichen Gesetzbuch, dem Codex Iuris Canonici von 1983, heißt. 1989 wurde der Inhalt dieser Formel von der Glaubenskongregation neu festgelegt. Und 1998 nahm der Papst einige Anpassungen des Kirchenrechts an diese Formel vor. Ebenfalls 1998 veröffentlichte die Glaubenskongregation einen Kommentar zur Professio fidei. Bei einigen kirchlichen Ämtern kommt zur Professio fidei noch der eigentliche Treueid dazu. Pfarrer und Professoren der Theologie sind beim Amtsantritt zu beidem verpflichtet. Es scheint mir sinnvoll, die Texte selbst sprechen zu lassen.

Die seit 1989 vorgeschriebene Professio fidei hat folgende Einleitungsformel: »Ich, (Name), glaube fest und bekenne alles und jedes, was im Glaubensbekenntnis enthalten ist«. Auf diese Einleitung folgt das Große Glaubensbekenntnis. Es schließen sich drei Zusätze an, die sich auf unterschiedliche lehramtliche Aussagen beziehen: »Fest glaube ich auch alles, was im geschriebenen oder überlieferten Wort Gottes enthalten ist und von der Kirche als von Gott geoffenbart zu glauben vorgelegt wird, sei es durch feierliches Urteil, sei es durch das ordentliche und allgemeine Lehramt. Mit Festigkeit erkenne ich auch an und halte an allem und jedem fest, was bezüglich der Lehre des Glaubens und der Sitten von der Kirche endgültig vorgelegt wird. Außerdem hange ich mit religiösem

Gehorsam des Willens und des Verstandes den Lehren an, die der Papst oder das Bischofskollegium vorlegen, wenn sie ihr authentisches Lehramt ausüben, auch wenn sie nicht beabsichtigen, diese in einem endgültigen Akt zu verkünden.«

Der Treueid beginnt mit den Worten: »Ich, (Name), verspreche bei der Übernahme des Amtes eines …, dass ich in meinen Worten und in meinem Verhalten die Gemeinschaft mit der katholischen Kirche immer bewahren werde.« Weiterhin heißt es: »In christlichem Gehorsam werde ich dem Folge leisten, was die Bischöfe als authentische Künder und Lehrer des Glaubens vortragen oder als Leiter der Kirche festsetzen.«

Professio fidei wie Treueid formulieren also ein erweitertes Glaubensbekenntnis sowie ein Versprechen der Treue gegenüber der Kirche. Der Vorgang der Verpflichtung wie ihr Inhalt hat Kritik ausgelöst: Der Vorgang wurde als Misstrauen, der Inhalt als zu weit reichend empfunden, besonders die Verpflichtung zur Annahme künftiger Lehräußerungen. Diese Kritik kann hier nicht im Detail dogmatisch und kirchenrechtlich erörtert werden. Vieles ist dazu gesagt und geschrieben worden. Wie so oft bei römischen Verlautbarungen, waren manche Reaktionen sehr emotional. Zu bedenken ist, dass niemand zur Annahme bestimmter Glaubensinhalte gezwungen wird, ebenso wenig zur Übernahme eines kirchlichen Amtes. Wohl aber darf man von einem Amtsträger in der Kirche Loyalität verlangen. Ein Eid stellt eine förmliche Selbstverpflichtung dar. Und Treue kann man durchaus versprechen.

AK

Das Amt in der Kirche

Woher leiten die evangelischen Kirchen, die Alt-Katholiken und die Anglikaner das Recht ab, dass auch Frauen die Wandlungsworte sprechen dürfen? Im katholischen Kirchenrecht und im Katechismus heißt es doch: »Die heilige Weihe empfängt gültig nur ein getaufter Mann.«

Die Frage der Frauenordination hängt eng mit dem Verständnis des kirchlichen Amtes zusammen. Hier besteht weiterhin einer der wichtigsten Lehrunterschiede zwischen der katholischen Kirche (sowie der Orthodoxie) und den Kirchen der Reformation. Um Ihre Frage in Kürze sachgemäß behandeln zu können, beschränke ich mich auf die Unterschiede zwischen der evangelischen und katholischen Kirche.

Beim evangelischen Amtsverständnis liegt der Akzent auf seiner Herleitung »von unten«. Denn alle Christen sind Priester, alle haben das Recht, vor Gott zu treten mit Gebet und Opfer. Das macht das besondere Amt nicht überflüssig. Im Grunde hat aber die gesamte Gemeinde das Amt inne. Sie überträgt es einem Einzelnen, der dann Mund und Wortführer der Gemeinde ist. Dieser übt anstelle aller die Pflicht aller zur Verkündigung des Evangeliums öffentlich aus. Daneben findet sich bereits bei Martin Luther eine zweite Begründungslinie, die zur ersten in gewisser Spannung steht: Das Amt ist Stiftung Christi, denn die Gemeinde verfügt letztlich nicht über die Weise, wie Gott sein Heil der Welt vermitteln will. Dies wird durch die Ordination der Amtsträger hervorgehoben. Dass die Gemeinde als Ganze das Amt innehat, zeigt sich dagegen in der Berufung des Pfarrers durch die Gemeinde. Von daher ist es nachvollziehbar, wenn in den reformatorischen Kirchen auch Frauen zum Pfarramt ordiniert werden. Zur biblischen Begründung dient ein Wort des Apostels Paulus: »Es gibt nicht mehr Juden und Griechen, nicht Sklaven und Freie, nicht Mann und Frau; denn ihr alle seid ,einer' in Christus Jesus« (Gal 3, 28). Daneben spielten die gesellschaftliche Entwicklung hin zur Gleichberechtigung und pragmatische Überlegungen in Zeiten des Pfarrermangels eine Rolle. Bei der Diskussion, die schließlich zur rechtlichen Gleichstellung im Amt führte, wurden aber auch ernsthafte Bedenken angemeldet: Nach Bibel und kirchlicher Tradition seien die Rollen der beiden Geschlechter nicht vertauschbar; die Tatsache, dass Christus nur Männer als Apostel berufen habe, sei für das kirchliche Amt zu berücksichtigen; eine so grundlegende Änderung sei ein ökumenisch problematischer Eigenweg.

Genau diese Argumente begründen in der katholischen Kirche die Beibehaltung der ununterbrochenen Tradition, nur Männer zum kirchlichen Amt zuzulassen. Im katholischen Amtsverständnis liegt der Akzent auf einer Herleitung »von oben«. Das Zweite Vatikanische Konzil hat das »gemeinsame Priestertum der Gläubigen« betont, zugleich aber an einem wesentlichen Unterschied zum »Priestertum des Dienstes« festgehalten (vgl. Kirchenkonstitution »Lumen gentium«, Art. 10), das sich göttlicher Stiftung verdankt. »Damit die Gläubigen zu einem Leib, in dem ,nicht alle Glieder denselben Dienst verrichten' (Röm 12, 4), zusammenwachsen, hat der Herr einige von ihnen zu amtlichen Dienern eingesetzt« (Priesterdekret »Presbyterorum ordinis«, Art. 2). Durch das Weihesakrament nimmt der Priester teil an der Vollmacht, mit der Christus selbst seinen Leib auferbaut, heiligt und leitet.

GB

Verheiratet – und Priester dazu

Warum dürfen Priester der mit Rom unierten Ostkirchen verheiratet sein, während katholische Priester bei uns an den Zölibat gebunden sind?

Hinsichtlich der Lebensform der Priester kennt die katholische Kirche zwei Ausprägungen. Die östliche und die westliche Kirche (nicht so sehr geographisch verstanden, sondern als Bezeichnung bestimmter Traditionen) stimmen in der Praxis überein, das bischöfliche Amt nur ehelos lebenden Priestern zu übertragen. Daneben kennt die Ostkirche auch verheiratete Priester, die vor allem in den Gemeinden Dienst tun. Vor der Diakonenweihe muss der Kandidat seine Wahl treffen und sich entweder für die Ehe oder die Ehelosigkeit entscheiden. Wer den Stand der Ehelosigkeit wählt, kann nach der empfangenen Priesterweihe nicht mehr heiraten. Das Gleiche gilt für den verheirateten Priester nach dem Tod seiner Frau.

Das Gesetzbuch der katholischen Ostkirchen (1990 durch Papst Johannes Paul II. veröffentlicht) betont, dass die Lebensform unverheirateter Priester und Diakone entsprechend der Tradition der ganzen Kirche hochzuschätzen sei, gleichzeitig bestätigt es ausdrücklich die Praxis verheirateter Priester und sieht diese in der frühen Kirche und durch die Tradition der orientalischen Kirchen begründet (CCEO, c. 373).

Manche Theologen folgern daraus, die Zölibatsverpflichtung der Priester sei bis zur Trennung der Ostkirche von der lateinischen Kirche des Westens noch nicht festgelegt gewesen. Es finden sich aber Dokumente, die die gesetzliche Verpflichtung zur Ehelosigkeit lange Jahrhunderte vor der Trennung belegen. Vieles spricht dafür, dass diese Verpflichtung für den östlichen Teil der damaligen Kirche gelockert wurde. Rom duldete diese teilweise Aufhebung des Pflichtzölibates. Im Hintergrund standen dabei wohl eher praktische Gründe: Die materielle Versorgung der Priester ist in einem landwirtschaftlichen Umfeld mit einer Familie im

Rücken leichter zu gewährleisten; Nachkommenschaft und Ehe haben in der orientalischen Kultur höchste Bedeutung; die Nähe des Priesters zur Lebensweise der ihm anvertrauten Gläubigen hat ohne Zweifel ihre Vorteile.

Bei den unterschiedlichen Traditionen handelt es sich allerdings nicht bloß um disziplinäre Regelungen aus lebenspraktischen oder kirchenpolitischen Gründen. Die Kirche des Ostens erhofft sich durch die Verbindung von Ehe und Weihe eine Bereicherung des priesterlichen Dienstes besonderer Art. Denn die Ehe stellt nach biblischem Zeugnis den höchsten Wert der Schöpfung dar; das ganze Schöpfungswerk zielt auf die Gemeinschaft von Mann und Frau (Gen 1, 27). Und Christus selbst hat die Liebe der Eheleute zum sakramentalen Zeichen seiner Treue zur Kirche erwählt.

Mit ebenso geistlichen Argumenten hat sich die Kirche im Westen entschieden, das Priesteramt nur Männern zu übertragen, die zur Ehelosigkeit um des Reiches Gottes willen bereit und berufen sind. Der Priester soll sich von seiner Aufgabe ganz und gar in Beschlag nehmen lassen. Seine Lebensform soll die Bestätigung dessen sein, wovon er dauernd spricht und was er sakramental feiert: die Hoffnung auf Erfüllung nicht im Diesseits, sondern beim Kommen Christi; das ewige Leben, in dem man nicht mehr heiratet (vgl. Mk 12, 25).

GB

Wenn Priester heiraten

Darf ein Priester, der auf sein Amt verzichtet, eine Frau kirchlich heira-
ten? Meiner Ansicht nach bleibt das Weihegelübde doch immer bestehen,
so wie ein Eheversprechen vor Gott bis zum Tod bestehen bleibt.

Obwohl die Kirche schon sehr früh für ihre geweihten Diener die Ehelosigkeit um des Himmelreiches willen – wie sie Jesus
vorgelebt hat – empfohlen und später auch zur frei übernommenen
Verpflichtung gemacht hat, ist der priesterliche Zölibat doch keine wesentlich mit dem Weihesakrament verbundene Eigenschaft.
Er geht nicht auf eine Weisung des Evangeliums zurück, sondern
gründet auf einem kirchlichen Gesetz, das geistlich sinnvoll, aber
nicht notwendig ist. Das zeigen die mit Rom verbundenen katholischen Ostkirchen, in denen die meisten Priester rechtmäßig verheiratet sind. Anders verhält es sich mit der Unauflöslichkeit der
Ehe, die dem Wort und Willen Jesu entspricht (Mk 10, 9: »Was
aber Gott verbunden hat, das darf der Mensch nicht trennen«). Sie
ist eine Wesenseigenschaft des Ehesakramentes.
Aufgrund dieses Unterschiedes besteht die Möglichkeit, einen Priester unter besonderen Umständen und aus schwer wiegenden Gründen von der Verpflichtung zur Ehelosigkeit zu befreien, so dass
eine kirchliche Eheschließung möglich wird. Diese »Dispens« ist
allerdings in jedem Fall dem Papst vorbehalten und mit dem Verbot der Ausübung des priesterlichen Amtes verbunden. Alle Ämter,
Aufgaben und jede Vollmacht werden dem Priester entzogen. Damit wird freilich nicht die Priesterweihe rückgängig gemacht. Sie
ist nach der Lehre der Kirche ein »unauslöschliches Prägemal«, was
etwa zur Folge hat, dass auch ein verheirateter Priester, dem die
Ausübung seines Amtes verboten ist, einem Gläubigen in Todesgefahr die sakramentale Lossprechung erteilen kann.
Gegenwärtig wird Priestern, bei denen die Gründe für die Bitte um
Entpflichtung vom Zölibat erst nach der Priesterweihe aufgetre-

ten sind, eine Dispens nicht gewährt (ausgenommen drängende Todesgefahr), außer es handelt sich um solche, die schon seit vielen Jahren den mit der Weihe verbundenen Verpflichtungen nicht nachgekommen sind und bei denen keine Hoffnung auf Wiederaufnahme des priesterlichen Lebens besteht. Gesuche von Priestern, die jünger als 40 Jahre sind, werden – wenn überhaupt – nur mit großer Verzögerung behandelt. Voraussetzung ist, dass sie selbst in aufrichtiger Bußgesinnung eine Dispens erbitten. Begründet wird diese strenge Praxis damit, dass die Entscheidung für die ehelose Lebensform ja nicht nur Kraft des von der Kirche aufgestellten Gesetzes, sondern immer auch aus dem freien Bewusstsein des Menschen getroffen wurde. Es gilt also, das Christus und der Kirche einmal gegebene Wort zu halten. Dies kommt zwar dem Verständnis vieler Kirchenmitglieder entgegen, wie ich es etwa auch in Ihrer Fragestellung wahrnehme. Allerdings hat die strenge Praxis auch dazu geführt, dass nicht wenige zivil verheiratete Priester überhaupt kein Dispensgesuch mehr einreichen und sich zunehmend von ihrer Kirche und vom Glauben entfremden.

GB

Was die Kirche vom Teufel hält

Existiert der Teufel bzw. der Satan für die Kirche leibhaftig oder ist er lediglich ein Symbol für das Böse?

Der Teufel als ein (oberstes) böses Geistwesen kommt in vielen Religionen vor. Meist sind ihm Dämonen unterstellt. Das deutsche Wort »Teufel« leitet sich vom griechischen »diábolos« (»Verwirrer«) ab. Das gleichbedeutend gebrauchte Wort »Satan« ist hebräisch und bedeutet »Widersacher«, aber auch »Ankläger«. An vielen Stellen in der Bibel ist vom »diábolos« oder vom »Satan« die Rede oder von anderen Figuren, die wir mit dem Teufel in Verbindung bringen können. Im Alten Testament wird der Teufel vor allem als Widersacher Gottes und als Feind der Menschen und des Lebens vorgestellt. Der Teufel kann aber auch Werkzeug Gottes sein. Aus dem späten Judentum kommt die Vorstellung vom Teufel als gefallenem Engel, der die Menschen zum Ungehorsam gegenüber Gott bewegen will. Im Neuen Testament wird Jesus vom Teufel versucht. Jesus treibt Dämonen aus. Mit dem anbrechenden Reich Gottes wird der Teufel entmachtet.

Das Lehramt der katholischen Kirche setzt die Existenz des Teufels voraus. So lehrt das Vierte Laterankonzil (1215): »Der Teufel ... und die anderen Dämonen wurden ... von Gott ihrer Natur nach gut geschaffen, sie wurden aber selbst durch sich böse.« Interessant ist, was dieselbe Kirchenversammlung zur menschlichen Sünde feststellt: »Der Mensch aber sündigte auf Eingebung des Teufels.« Papst Paul VI. hat sich in einer Ansprache am 15. November 1972 gegen eine Abwertung des Teufels im Sinne einer nur bildlichen Redeweise gewandt.

Mit Bernd Claret (»Geheimnis des Bösen. Zur Diskussion um den Teufel«) lassen sich folgende Eckpunkte der kirchlichen Lehre festhalten: Das Böse ist keine nur menschliche Größe. Es ist eine unheimliche Realität, mächtiger als die Einzelentscheidung des

Menschen für das Böse. Damit ist auch ausgesagt, dass das Böse in der Welt nicht allein zu Lasten des Menschen geht. Wenn der Mensch sündigt, dann hat sein Sündigen immer auch die Gestalt des Nachgebens, d.h., er wird – im Unterschied zum Teufel – nicht selbst durch sich allein böse, sondern weil er versucht und verführt wurde.

Im Anschluss an Klaus Berger (»Wozu ist der Teufel da?«) lässt sich formulieren, dass das Böse radikal ernst genommen werden muss. In dem Bösen scheint uns der Böse auf. Berger verweist auf die vielen Erfahrungen mit dem Bösen im Laufe der Geschichte der Kirche. Um hier nur ein Beispiel zu nennen: Bei Walter Nigg (»Große Heilige«) kann man lesen, dass der heilige Pfarrer von Ars mit dem Satan in »reale Berührung« gekommen sei. Er habe mit dem Teufel jahrelang »wilde Kämpfe von unheimlichster Art ausgefochten«. Diese Teufelskämpfe lassen »in einen Abgrund blicken, von dem wenige Menschen auch nur eine Ahnung haben«.

Der Teufel ist mehr als nur ein Bild. Das Böse hat Macht über uns. Allerdings brauchen wir keine Angst davor zu haben, dass uns der Böse leibhaftig in der Gestalt eines »Kerls« begegnet. Ganz im Gegenteil, eine solche Vorstellung würde das Böse verharmlosen.

AK

Mit der Kirche feiern und beten

Das Mahl der Eucharistie

Ist es richtig, dass die Eucharistiefeier ursprünglich eine richtige Mahl-
feier war, zu der zum Beispiel wohlhabende Christen Bedürftige (Skla-
ven) einluden? Wenn ja, wann wurde diese ursprüngliche Form auf die
heutige reduziert? Wo kann ich darüber etwas nachlesen?

Das Zweite Vatikanische Konzil bezeichnet die Eucharistie als »Quelle und Höhepunkt des ganzen christlichen Lebens« (Kirchenkonstitution »Lumen gentium«, Art. 2). Jesus selbst hat sie beim Letzten Abendmahl eingesetzt. Sie ist die Feier des Neuen Bundes. Ihr Gehalt ist identisch geblieben. Ihre Gestalt hat sich im Laufe der Geschichte gewandelt. Das Neue Testament enthält vier Einsetzungsberichte (Mk 14, 22–25 und Mt 26, 26–29 sowie Lk 22, 15–20 und 1 Kor 11, 23–25; eine theologische Deutung der Eucharistie findet sich in Joh 6, 48–59). Zur Frage, wie die ersten Christen Eucharistie gefeiert haben, gibt uns die Apostelgeschichte (2, 42–46) Aufschluss: »Sie hielten an der Lehre der Apostel fest und an der Gemeinschaft, am Brechen des Brotes und an den Gebeten … Tag für Tag verharrten sie einmütig im Tempel, brachen in ihren Häusern das Brot und hielten miteinander Mahl in Freude und Einfalt des Herzens.« Die ersten Christen nahmen also zunächst weiter am Tempel- bzw. Synagogengottesdienst teil und feierten die Eucharistie im Zusammenhang mit einem (abendlichen) Gemeindemahl, das durchaus auch ein Sättigungsmahl war. Das eucharistische Brot wurde zu Beginn gereicht, der eucharistische Wein am Schluss. Im Laufe der weiteren Entwicklung wurden dann beide Handlungen an das Ende der Feier verlegt. Die Mahlfeiern dürften auch eine caritative Funktion besessen haben, insofern begüterte Christen mehr als andere dazu beitrugen.
In nachapostolischer Zeit wurde die Eucharistie von der Mahlfeier getrennt und auf den Sonntagmorgen verlegt. Die Mahlgestalt blieb nur noch stilisiert erhalten. Dafür wurden die Gebetstexte,

die zum Teil vom Synagogengottesdienst übernommen wurden, umfangreicher. Diese Entwicklung hatte zum einen praktische Gründe: Die Gemeinden wurden zu groß, um miteinander Mahl zu halten. Zum anderen spielte die Ausbreitung des Christentums in den hellenistischen Kulturraum eine Rolle. Hier hatte das Mahl nicht dieselbe religiöse und soziale Bedeutung wie im Judentum. Die Trennung diente schließlich der Unterscheidung der Eucharistiefeier von jeder anderen Form des Mahls. In der Mitte des zweiten Jahrhunderts war dieser Prozess, wie wir den Quellen – etwa der »Apologie« des Justin – entnehmen können, weitgehend abgeschlossen. Der älteste Wortlaut einer altchristlichen Eucharistie ist in der »Apostolischen Überlieferung« des Hippolyt (um 215 n. Chr.) greifbar. Die ursprüngliche soziale und caritative Funktion des mit der Eucharistie verbundenen Gemeindemahls blieb in den Agapefeiern, die heute da und dort wieder belebt werden, erhalten. Zur Geschichte der Eucharistie gibt es eine immense Fülle von Literatur. Weiterführende Hinweise enthalten etwa die Artikel »Eucharistie« im Lexikon für Theologie und Kirche sowie im Neuen Pastoralliturgischen Handlexikon von Rupert Berger. Von Adolf Adam ist über dieses Thema hinaus sein »Grundriss Liturgie« empfehlenswert.

AK

Eucharistische Nüchternheit

Früher galt vor dem Empfang der heiligen Kommunion ein strenges Nüchternheitsgebot, was dazu führte, dass die heilige Messe in der Regel in den frühen Morgenstunden gefeiert wurde. Was gilt heute im Bezug auf die eucharistische Nüchternheit, wenn am Sonntag die Messe oft erst gegen Mittag und an Werktagen meist in den Abendstunden gefeiert wird?

Ältere Menschen erzählen manchmal sehr bewegt von der Gewissensnot, in der sie sich befanden, wenn sie als Jugendliche am Sonntagmorgen vor der heiligen Messe versehentlich einen Schluck Wasser getrunken hatten. Schmunzelnd erinnert sich manch einer an die Aufregung im Elternhaus über das Bonbon, das sich zufällig im Mund des Erstkommunionkindes fand. In beiden Fällen war der Empfang der heiligen Kommunion nicht mehr möglich, denn bis in die 50er Jahre des vergangenen Jahrhunderts galt ein strenges Nüchternheitsgebot.

Schon für das 4. Jahrhundert sind Nüchternheitsvorschriften bezeugt, denn es war bereits frühchristlicher Brauch, die Eucharistie vor jeder anderen Speise zu empfangen. Seit dem Mittelalter galt die Regel, sich ab Mitternacht völlig von Speisen und Getränken zu enthalten. Sie traf den Priester, der die heilige Messe feierte ebenso, wie alle Gläubigen, die die Kommunion empfangen wollten. Papst Pius XII. ordnete das Nüchternheitsgebot neu und einheitlich für die ganze Kirche, um für die Gläubigen den häufigeren Kommunionempfang und für die Priester die Zelebration zu erleichtern. Die heute geltende Regelung geht auf eine Entscheidung von Papst Paul VI. im Jahr 1964 zurück und findet sich im kirchlichen Gesetzbuch von 1983 (c. 919): Danach müssen Gläubige sich vor dem Empfang der heiligen Kommunion eine Stunde aller Speisen und Getränke enthalten, ausgenommen Wasser und Medikamente. Diese Vorschrift gilt nicht für alte und kranke Menschen und nicht für Priester, wenn sie mehrmals am

Tag der Eucharistiefeier vorstehen und keine volle Stunde dazwischen liegt.

Ob alle, die heute zur Kommunion gehen, diese Regel kennen und beachten? Oftmals hat ja eine überstrenge Anforderung aus der Vergangenheit zur Folge, dass das Pendel in die andere Richtung ausschlägt, konkret: dass Gläubige aus selbstverständlicher Gewohnheit unbedacht und wenig vorbereitet die heilige Kommunion empfangen. Der Sinn der Nüchternheitsvorschrift liegt darin, dem vorzubeugen. Schon der Apostel Paulus ermahnte die Christen von Korinth, das Herrenmahl von einem gewöhnlichen Sättigungsmahl zu unterscheiden und sich bei der Eucharistiefeier entsprechend zu verhalten: »Denn sooft ihr von diesem Brot esst und aus dem Kelch trinkt, verkündet ihr den Tod des Herrn, bis er kommt. … Jeder soll sich selbst prüfen; erst dann soll er von dem Brot essen und aus dem Kelch trinken. Denn wer davon isst und trinkt, ohne zu bedenken, dass es der Leib des Herrn ist, der zieht sich das Gericht zu« (1 Kor 11, 26.28f.). Zum Kommunionempfang gehört also eine gute Vorbereitung: Freiheit von schwerer Schuld, Frieden untereinander, persönliches Gebet und gesammelte Wachheit des Leibes, denn als ganze Menschen gehen wir Jesus Christus entgegen und dürfen ihn im Sakrament der Eucharistie empfangen.

GB

Amtszeichen

Den Priester erkennt man daran, dass die Stola von beiden Schultern herabhängt. Der Diakon trägt die Stola schräg von der linken Schulter herab. Woher kommt diese Unterscheidung und hat sie eine tiefere Bedeutung?

Die Stola, das liturgische Amtszeichen der Bischöfe, Priester und Diakone, also derer, die das Sakrament des Ordo (der Weihe) empfangen haben, hat eine lange Geschichte. Sie beginnt mit dem Pallium, einem rechteckigen Tuch, das – zusammengelegt – über die Schultern geschlungen wurde und in der Antike als Ausgehmantel diente. Kaiser Theodosius bestimmte 382, dass die römischen Beamten bei hoheitlichen Aufgaben verschiedenfarbige Pallien zu tragen haben, die allerdings nicht mehr Mäntel waren, sondern eher Bänder, die sich farblich vom Obergewand unterschieden. Auch dem Papst stand dieses Amtszeichen zu.

In Rom kam vor Christus das Orarion (lateinisch Orarium) in Mode, ein Mundtuch, das dazu diente, den Schweiß aus dem Gesicht zu wischen. Es ähnelt der Serviette, die Kellner auch heute oft über die linke Schulter legen. 372 n. Chr. erklärte das Konzil von Laodicea in Kleinasien das Orarion als Standeszeichen der Diakone, was wohl mit dem Dienst der Diakone bei der Eucharistiefeier zusammenhing. Das Konzil von Toledo bestimmte 633 n. Chr. das Orarion als das gemeinsame Amtszeichen von Bischöfen, Priestern und Diakonen, das ihnen bei der Weihe überreicht wurde. Ein Konzil von Braga ordnete 675 an, dass Priester es um den Hals legen und vor der Brust kreuzen. Durch den Einfluss der fränkischen Kirche wurde das Orarion in Rom zu einem Amtszeichen der Kleriker, um das Jahr 1000 zum Kennzeichen der Priester und Diakone. In Gallien und später im fränkischen Bereich setzte sich dafür immer mehr der Name Stola durch, der seit etwa 1200 fast überall verwendet wurde. Bischöfe, Priester und Diakone haben die Stola über der Albe und darüber das Messgewand bzw. die Dalmatik, das liturgische Gewand der Diakone. Bischöfe und Priester tragen die Stola heute um den Hals und vorn frei herabhängend, was für Bischöfe schon früher galt, Diakone tragen sie wie eine Schärpe über der linken Schulter und legen die freien Enden unter dem rechten Arm zusammen.

Bis zur letzten Reform des Weiheritus legte der Bischof bei der Priesterweihe dem Neupriester die Stola mit den Worten um den Hals: »Trage das Joch des Herrn.« Der Liturgiewissenschaftler Rupert Berger schreibt: »Alle, die sie tragen, lässt die Stola spüren: Ich bin in Dienst genommen. Nicht für mich bin ich hier in der Versammlung des Gottesvolkes, sondern als vom Herrn Beauftragter; wir sind … Knechte unter dem Joch, die sich mühen, den Tisch des Wortes und der Eucharistie für die Brüder und Schwestern zu bereiten.«

HK

Die Kniebeuge als Ehrfurchtszeichen

Ist die »doppelte Kniebeuge« veraltet und nach dem Zweiten Vatikanischen Konzil überholt?

Wenn wir Menschen jemanden lieben und verehren, dann äußern wir das nicht zuletzt in Gesten und Gebärden. Auch wenn die Liturgiereform das »Stehen der Erlösten vor Gott« als ursprünglich christliche Gebetshaltung (auch während des Hochgebetes der heiligen Messe) betont hat, ist die Kniebeuge gewiss nicht überholt. Kniend zu beten ist allgemein menschlicher Brauch, der auch von Jesus bezeugt ist (vgl. Lk 22, 41). Das aus dem germanischen Herrscherritual in die römische Liturgie übernommene Knien bringt Demut, Bußgesinnung und Anbetung zum Ausdruck. Erst Ende des Mittelalters wird die Kniebeuge (auch die doppelte) zur

Verehrung der Eucharistie allgemein üblich. Sie hat einen tiefen Sinn: So wie Eltern sich zu ihrem Kind auf den Boden knien, um ihm Aufmerksamkeit zu schenken, mit ihm zu sprechen und zu spielen, so stellt die Kniebeuge dar, was Gott aus Liebe für uns tat, als sich Jesus Christus erniedrigte und den Tod am Kreuz auf sich nahm. Indem wir vor dem eucharistischen Brot die Knie beugen, bekennen wir unseren Glauben an die wirkliche Gegenwart Jesu Christi unter dem Zeichen des Brotes. Wir vollziehen mit, was der uralte Christushymnus im Philipperbrief sagt: »Darum hat ihn Gott über alle erhöht, … damit alle im Himmel, auf der Erde und unter der Erde ihre Knie beugen vor dem Namen Jesu« (Phil 2, 9f.).

Diese ehrfürchtige Gebärde wird heute allerdings längst nicht mehr von allen Gläubigen vollzogen. Hinter Ihrer Anfrage vermute ich ein Bedauern darüber, das ich auch persönlich teile. Denn das schleichende Verschwinden der Kniebeuge ist auch ein Hinweis darauf, dass die eucharistische Frömmigkeit insgesamt einen Schwund erfahren hat. Darauf hat der Theologe Karl Rahner bereits vor 25 Jahren aufmerksam gemacht: »Wird die stille Anbetung vor dem Tabernakel mit dem ewigen Licht noch so geübt wie früher? Die Kniebeuge vor dem Allerheiligsten ist vielfach schon vergessen. Die vielen, die heute sich zum Gottesdienst versammeln, sitzen sofort auf den Bänken und warten gelangweilt bis zum Gottesdienstbeginn. Dass man zunächst einmal für ein paar Augenblicke hinknien und den in der Eucharistie gegenwärtigen Herrn anbeten könnte, das scheint sehr vielen nicht einmal als eine denkbare Möglichkeit in das Bewusstsein zu dringen. Der Kommunion-Empfang ist für viele fast zur selbstverständlichen Gewohnheit geworden, aber vielleicht doch oft zu sehr zur Selbstverständlichkeit und Gewohnheit.« Was ist dazu zu sagen?

Gott braucht alle diese menschlichen Zeichen nicht. Aber mit uns geschieht etwas, wenn wir uns nicht mehr bewusst machen, dass wir mit dem Heiligen zu tun haben, wenn wir die Eucharistie feiern und verehren; dass wir dem großen Gott begegnen und seiner menschgewordenen Liebe. Manche Ausdrucksformen unserer Frömmigkeit mögen zeitbedingt sein und sich deshalb mit der Zeit verändern. Aber ohne Zeichen verkümmert der Glaube. Es hat mich ermutigt, beim Weltjugendtag zu erleben, wie junge Menschen aus aller Welt still, versunken und mit Gesten tiefer Ehrfurcht vor dem Allerheiligsten knien konnten. Ihr Glaube fand wie von selbst die angemessene Haltung. Diesen Glauben gilt es in Predigt, Katechese und Gesprächen zu verlebendigen.

GB

Segen vor dem Evangelium

Warum erhält ein Diakon vor dem Vortrag des Evangeliums im Wortgottesdienst der Messfeier durch den anwesenden Priester einen Segen?

Die Vielfalt von kirchlichen Diensten und Ämtern soll sich im Gottesdienst widerspiegeln. Darum werden die Texte der Heiligen Schrift bei der Messfeier nicht vom Vorsteher, sondern von anderen Mitwirkenden gelesen: Lektorinnen bzw. Lektoren tragen die Lesungen vor. Ein Diakon soll das Evangelium verkünden; dieser Dienst wird ihm bei der Weihe übertragen. Nur wenn kein Diakon und auch kein anderer Priester mit feiert, soll der Leiter des Gottesdienstes selbst das Evangelium vortragen.
Seit alter Zeit wird die Verkündigung des Evangeliums besonders feierlich gestaltet: Während die Gläubigen bei den Lesungen sitzen, hören sie das Evangelium stehend an. Vor und nach der Verlesung sprechen sie einen besonderen Lobpreis Christi. Das Evangelienbuch wird in Prozession zum Ambo getragen, dabei können Weihrauch und Leuchter verwendet werden. Vor der Verkündigung bezeichnet der Diakon (Priester) das Buch und sich selbst mit dem Kreuzzeichen, am Ende küsst er das Buch. So soll deutlich werden, dass hier

nicht irgendeine Information übermittelt wird. Hier richtet der auferstandene Herr sein Wort an uns. Allerdings will diese ehrenvolle Umrahmung des Evangeliums die übrigen Lesungen in ihrer Bedeutung keineswegs abwerten. Alle Schriftlesungen des Wortgottesdienstes sind im Blick, wenn die »Allgemeine Einführung ins Römische Messbuch« formuliert: »In den Lesungen … spricht Gott zu seinem Volk, offenbart er das Erlösungs- und Heilsmysterium und nährt er das Leben im Geist. Christus selbst ist in seinem Wort inmitten der Gläubigen gegenwärtig« (Nr. 33).

Der Segen, um den der Diakon bittet, bevor er das Evangelium vorträgt, ist ein weiteres Zeichen der Ehrfurcht und soll den Verkünder selbst für die Begegnung mit dem Wort Gottes vorbereiten und für seinen Dienst rüsten, denn er darf – um das Bild eines Gleichnisses Jesu zu verwenden – den Samen des Evangeliums ausstreuen (vgl. Mk 4, 1–9). Deshalb verneigt er sich vor dem Priester, und dieser segnet ihn mit den Worten: »Der Herr sei in deinem Herzen und auf deinen Lippen, damit du sein Evangelium würdig verkündest. Im Namen des Vaters und des Sohnes und des Heiligen Geistes.« Der Diakon antwortet: »Amen.«

Bereits die ältesten überlieferten Beschreibungen der römischen Liturgie verbinden die Segensgeste mit einem schlichten Segensspruch. Seit dem 11. Jahrhundert ist der heutige Wortlaut bekannt. Wirkt kein Diakon mit, dann spricht der Priester ein ähnliches Vorbereitungsgebet, bevor er das Evangelium vorträgt. Und wenn die Gläubigen sich selbst segnen, bevor sie das Evangelium hören, indem sie mit dem Daumen ein Kreuz auf Stirn, Lippen und Brust zeichnen, dann steht der gleiche Gedanke im Hintergrund. Wer Gottes Wort ausrichtet, ist Bote der Frohen Botschaft. Er soll Herz und Sinne zusammen nehmen, um sie treu und unverfälscht weiter zu geben. Und auch wer Gottes Wort hört, soll Herz und Sinne zusammen nehmen, denn ihm gilt diese Botschaft. Durch sie will Gott uns stärken und beleben.

GB

Was zum »Credo« gehört

Warum fehlen im Glaubensbekenntnis Aussagen zu den Worten und Taten Jesu, etwa zu seiner Lehre vom Reich Gottes oder zur Gottes-, Nächsten- und Feindesliebe?

Als theologischer Fachbegriff bezeichnet das Glaubensbekenntnis eine formelhafte Zusammenfassung des Glaubensinhalts. Es soll das Wesentliche des Glaubensinhalts wiedergeben. Erwachsen ist das Glaubensbekenntnis aus der Taufliturgie, in der beim Untertauchen des Täuflings in dreifacher Form nach dem Vater, dem Sohn und dem Heiligen Geist gefragt wurde. Daraus entwickelte sich eine Erklärung bzw. eine Zusammenfassung des Glaubens, die den Taufbewerbern übergeben wurde.

In den theologischen Diskussionen und Auseinandersetzungen des kirchlichen Altertums über Jesus Christus und den dreifaltigen Gott entstanden Glaubensbekenntnisse, die der Einheit des Glaubens und der Abgrenzung gegen Irrlehren dienen sollten. Eine Urfassung des Apostolischen Glaubensbekenntnisses gibt es bereits im 2. Jahrhundert n. Chr.. Das so genannte Nizäno-Konstantinopolitanische Glaubensbekenntnis wurde durch das Konzil von Chalkedon im Jahr 451 n. Chr. mit dem Beschluss angenommen, dass »niemand ein anderes Glaubensbekenntnis vorbringen, niederschreiben oder abfassen darf.« Erst im Jahr 1014 wurde das Glaubensbekenntnis (Credo) auf Drängen Kaiser Heinrichs II. in Rom in die Messfeier nach dem Evangelium oder nach der Homilie an Sonn- und Feiertagen eingefügt.

Aussagen im Glaubensbekenntnis zu den Worten und Taten Jesu würden den Text sehr verlängern. Das Credo ist zudem keine Glaubensverkündigung, keine Predigt und keine Sammlung von Geboten. Trotzdem bleibt die Frage, weshalb sich im Glaubensbekenntnis zum Beispiel keine Aussage über das Reich Gottes, das Zentralthema der Verkündigung Jesu, findet. Nächsten- und

Feindesliebe und Fragen über Gott, die Menschen unserer Zeit bewegen, bleiben unerwähnt. Die Beschränkung des Glaubensbekenntnisses auf den wesentlichen Inhalt des Glaubens hat etwas für sich. Übrigens gab es neben dem Wunsch, das Glaubensbekenntnis ausführlicher zu formulieren, auch die Suche nach so genannten Kurzformeln des Glaubens.

HK

Die Messe als Opfer

Bei der Gabenbereitung antworten die Gläubigen auf eine Gebetseinladung des Priesters: »Der Herr nehme das Opfer an aus deinen Händen«. Es kann doch nicht gemeint sein, dass wir ein Opfer bringen, das der Priester an Gott weiterleitet. Ist es nicht Jesus Christus selbst, der sich hingibt und dessen Hingabe wir uns anschließen sollen?

Dass die heilige Messe ein österliches Mahl der Kirche mit ihrem auferstandenen Herrn ist, lässt sich heute leichter vermitteln als die Glaubenseinsicht, die Feier der Eucharistie sei die Vergegenwärtigung des Kreuzesopfers Jesu Christi und zugleich ein Opfer der Kirche. Insofern bin ich dankbar für Ihre Frage, denn sie gibt Gelegenheit, diesen wesentlichen Aspekt zu betrachten. Was berechtigt uns, von der heiligen Messe als Opfer zu sprechen? Mir persönlich helfen die Strophen eines Liedes von Georg Thurmair (GL 540) weiter: »Sei gelobt, Herr Jesus Christ, in dem wunderbaren Brote, das die Frucht aus deinem Tode, uns ein neues Leben ist. Sei gelobt, Herr Jesus Christ. Du hast dich dem Kreuz ergeben, uns zur Sühne, uns zum Leben, und die Schuld der Welt gebüßt. Sei gelobt, Herr Jesus Christ. Du bist in der Welt geblieben, uns zu heilen, uns zu lieben, bis die Welt vergangen ist. Sei gelobt, Herr Jesus Christ. Nimm zum Dank auch unser Leben, das wir ganz zum Opfer geben, bis es deiner würdig ist.« In Brot und Wein, die sakramental in den Leib und das Blut des Herrn verwandelt werden, bleibt Jesus Christus durch die Zeiten hindurch präsent. Seine Hingabe und Liebe bleiben, damit wir Heilung und Befreiung erfahren und als neue Menschen in dieser Welt leben können. Das war sein Opfer am Kreuz und das ist sein unter Zeichen gegenwärtiges Opfer in der Eucharistie. Wie sollten wir anders darauf antworten, als mit einem Leben voll Dankbarkeit? Dies ist ein erster Anhaltspunkt, von einem Opfer der Kirche zu sprechen.

So wie aber die Kirche mehr ist als die Summe ihrer einzelnen Glieder, so ist auch das Opfer der Kirche umfassender als die vielen, stets unvollkommenen Versuche der einzelnen Gläubigen, dankbar gegenüber Gott zu leben. Die Kirche ist Christi Leib. Haupt und Glieder dieses Leibes werden in der Eucharistie geheimnisvoll gegenwärtig. Jesus Christus, der sich dem Vater liebevoll schenkt, bringt sich ganz als Opfer dar – zusammen mit der durch die Zeiten hindurch gewachsenen heiligen Gemeinschaft der Erlösten. Insofern haben Sie Recht: Wenn wir vom Opfer der Kirche sprechen, meinen wir nicht ein »neues« Subjekt, unabhängig von Jesus Christus. Immer ist er der Opfernde und die Opfergabe an Gott, aber der ganze Christus – Haupt und Glieder, der Herr und seine Kirche.

Führt das aber nicht zu der fälschlichen Annahme, die heilige Messe, die wir heute feiern, sei »mehr« als das, was damals am Kreuz geschah, weil nun auch die Kirche beteiligt ist? Dies wäre für die gewachsene ökumenische Verständigung im Blick auf das Abendmahl fatal. Die Hingabe Jesu Christi am Kreuz bleibt einmalig und ist allein der Grund unserer Erlösung. Und doch war die Kirche bereits beim Opfer am Kreuz nicht ausgeschlossen, sondern einbezogen. Nach dem Johannesevangelium standen Maria und Johannes beim Kreuz (vgl. Joh 19, 25–27). Vom Herrn als Urzelle und heiler Kern der Kirche zusammengefügt, mussten sie geschehen lassen, dass Gottes Sohn aus Liebe starb. Nicht mehr und nicht weniger ist mit dem Opfer der Kirche gemeint: Sie wird einbezogen in die

Lebenshingabe Jesu, indem sie sein Opfer geschehen lässt, es gläubig annimmt und »kommuniziert«, damit Christi Leib aus Haupt und Gliedern sichtbare Gestalt annimmt in dieser Welt.

GB

Gebt einander ein Zeichen des Friedens

Warum tun wir uns in Deutschland mit dem Friedensgruß so schwer? In unseren Gottesdiensten wird sicher fromm gebetet, aber Kommunikation von Mensch zu Mensch findet kaum statt. Wer in Italien oder Frankreich die Messe besucht, erlebt diesen Brauch in sehr herzlicher Form.

Ihre Erfahrung kann ich bestätigen: In anderen Ländern tun sich Gottesdienstbesucher mit dem Friedensgruß leichter als in Deutschland. Es liegt wohl an der Mentalität der Menschen. Einem Deutschen erscheint das lebhafte Temperament von Süditalienern oft übertrieben, diesen wiederum kommen Deutsche eher zu zurückhaltend oder steif vor.

Für den Austausch des Friedensgrußes in der Eucharistiefeier gibt es keine feste Bestimmung. Die »Allgemeine Einführung in das Römische Messbuch« sagt dazu (Nr. 56 b): »Die Form des Friedensgrußes soll von den Bischofskonferenzen entsprechend der Eigenart und den Bräuchen der Völker bestimmt werden.« Im Deutschen Messbuch findet sich nach dem gesprochenen Gruß die Anmerkung: »Der Diakon oder der Priester kann dazu auffordern, in einer den örtlichen Gewohnheiten entsprechenden Weise einander die Bereitschaft zu Frieden und Versöhnung zu bekunden.«

Teilnehmer eines Gruppengottesdienstes, die sich kennen, äußern den Friedensgruß anders als Gottesdienstbesucher, die einander fremd sind. Familienangehörige geben sich manchmal einen Kuss, andere umarmen sich oder reichen einander die Hand.

Ich kenne Menschen, die sich mit dem Friedensgruß sehr schwer tun. Sie möchten nicht jemandem die Hand geben, der erkältet ist, gerade in seine Hand gehustet oder sein benutztes Taschentuch angefasst hat. Vielleicht klingt das banal, aber solche Hemmungen und Hemmnisse sind nicht zu unterschätzen. Andere halten gern Abstand zwischen sich und Fremden, was kein Zeichen von Arroganz sein muss. Manche fühlen sich von der Aufforderung: »Gebt einander ein Zeichen des Friedens und der Versöhnung!« unter Druck gesetzt. Können ein freundliches Lächeln, eine leichte Verneigung oder ein Winken mit der Hand nicht ebenso Zeichen sein wie ein Händedruck?

Ob Sie Recht haben, dass bei uns die Kommunikation von Mensch zu Mensch kaum stattfindet, möchte ich nicht beurteilen. Wir haben andere Weisen der Kommunikation und eine andere Art, miteinander Gottesdienst zu feiern. Ich wünsche mir in unseren Gottesdiensten eine offene, freundliche Atmosphäre, in der es Gläubigen leicht fällt, den Friedensgruß mit Zeichen auszutauschen, die ihnen liegen. Letztlich kommt es auf die Gesinnung an, auf das Herz, in das nur Gott sieht.

HK

Würdig oder nicht

Ist es richtig, vor dem Empfang der Kommunion auf die Bitte: »Herr, ich bin nicht würdig, dass du eingehst unter mein Dach, aber sprich nur ein Wort, so wird meine Seele gesund« einfach zu verzichten?

Die Bitte, die Priester und Gemeinde vor dem Empfang der heiligen Kommunion gemeinsam sprechen, gehört zur Liturgie und ist nicht beliebig anders zu formulieren oder wegzulassen. Es ist die Übersetzung aus dem lateinischen Text des »Missale Romanum«, des offiziellen Römischen Messbuchs der Kirche: »Domine, non sum dignus ut intres sub tectum meum: sed tantum dic verbo, et sanabitur anima mea.« In der Allgemeinen Einführung in das Messbuch (Nr. 59 g) steht: »Der Priester zeigt den Gläubigen das eucharistische Brot, das sie in der Kommunion empfangen, und lädt sie zum Mahl des Herrn ein. Gemeinsam mit ihnen bringt er mit Worten des Evangeliums die Gesinnung der Demut zum Ausdruck.«

Die Worte des Evangeliums verweisen auf einen heidnischen Hauptmann, der Jesus für seinen kranken Diener bittet. Als Jesus sagt, er werde in das Haus des Hauptmanns kommen und den Diener gesund machen, antwortet ihm der Hauptmann: »Herr, ich bin nicht wert, dass du mein Haus betrittst; sprich nur ein Wort, dann wird mein Diener gesund« (Mt 8, 8). Ähnliche Formulierungen stehen an anderen Stellen der Evangelien.

Dass der Empfang der eucharistischen Gaben und die Gesundheit der Gläubigen in Zusammenhang stehen, davon spricht der Apostel Paulus, allerdings in negativer Form: »Denn wer davon isst und trinkt, ohne zu bedenken, dass es der Leib des Herrn ist, der zieht sich das Gericht zu, indem er isst und trinkt. Deswegen sind unter euch viele schwach und krank« (1 Kor 11, 29–30). Positiv ausgedrückt, lässt sich das so verstehen, dass der würdige Empfang der eucharistischen Gaben heilt oder eine heilende Wirkung hat, nicht nur für die Seele, sondern für Seele und Leib. Diesen Gedanken finde ich in der englischen Übersetzung (Übertragung) des Messbuches, wo es heißt: »Und ich werde geheilt.« Der gesamte englische Text lautet: »Lord, I am not worthy to recieve you, but only say the word and I shall be healed.« Ähnlich steht es im französischen Messbuch.

Es gibt keinen Grund, vor dem Empfang der heiligen Kommunion die Bitte um Heilung wegzulassen. Nicht nur die Seele zu nennen, sondern auch den Leib, also vom ganzen Menschen zu sprechen, fände ich sinnvoll und bereichernd.

HK

Trinket alle daraus

Ich möchte sonntags unter beiderlei Gestalten kommunizieren. In meiner Pfarrei aber wird noch nicht zur Kelchkommunion eingeladen. Ein Geistlicher erklärte mir, dass in solchen Fällen der Priester stellvertretend für die ganze Gemeinde die Kelchkommunion vollzieht. Kann er das überhaupt?

Ab dem 13. Jahrhundert setzte sich der Empfang der Kommunion nur unter der Gestalt des Brotes durch, zunächst aus praktischen Gründen: Wein ließ sich nicht so gut und so lange aufbewahren wie Brot und konnte leicht verschüttet werden. In manchen Ländern mangelte es an Wein, in Zeiten von Seuchen fürchteten sich Menschen vor Ansteckung, wenn sie mit anderen aus einem Kelch tranken.

Die Lehre der scholastischen Theologie, dass in jeder der beiden Gestalten, im Brot und im Wein, der ganze Leib des Herrn gegenwärtig wird, bot eine gute Begründung für die Brotkommunion allein. Dass aber zur vollen Gestalt der Eucharistiefeier die Kelchkommunion gehört, zeigt sich daran, dass der Priester, der die Feier leitet, immer unter beiden Gestalten kommuniziert. So kommt es zu der Formulierung, dass der Priester stellvertretend für die Gemeinde aus dem Kelch trinkt. Bisher habe ich keine Überforderung des Priesters gesehen, wenn er stellvertretend für die Gemeinde handelt, indem er aus dem Kelch trinkt. In der Feier der Eucharistie handelt der Priester »in persona Christi«, d.h., er vertritt in der Feier die Person Christi. Stellvertretendes Tun gehört zum besonderen Priestertum und auch zum allgemeinen Priestertum aller Gläubigen. Gläubige können mit der ihnen geschenkten Gnade für andere wirken, z. B. in der Nächstenliebe, im Gebet für andere, im Einsatz des Lebens für andere, im missionarischen Tun. In der Feier der Eucharistie ist der Priester auch »in persona Christi« zuerst ein Empfangender, der weitergibt, was er empfangen hat.

Vergessen wurden die Tradition und die Zeichenhaftigkeit der Kelchkommunion in der Kirche nicht. Angeregt durch das Zweite Vatikanische Konzil und römische Dekrete, nennt die Allgemeine Einführung in das Messbuch (Nr. 14) Personengruppen, denen die Kommunion unter beiden Gestalten gereicht werden darf, zum Beispiel Erwachsene in der Messe, die ihrer Taufe folgt; Erwachsene in der Messe ihrer Firmung; Brautleute in der Trauungsmesse; Kranke und deren Angehörige, wenn in der Messe die Krankensakramente gespendet werden; Teilnehmer an geistlichen Übungen; alle, die einen liturgischen Dienst tun. Die Deutsche Bischofskonferenz erlaubte darüber hinaus die Kelchkommunion bei Messfeiern kleiner Gemeinschaften und an »hervorgehobenen Festtagen, wenn die Zahl der Teilnehmer nicht zu groß ist«. Und: »Im Einzelfall steht das Urteil dem zelebrierenden Priester, in Pfarrkirchen dem Pfarrer zu.«

Die Kommunion unter beiden Gestalten ist vom Zeichen her die Vollform des Empfangs der Eucharistie, und Gläubige haben öfter als bisher Gelegenheit, auch die Kelchkommunion zu empfangen. Trotzdem geht die Kirche zögerlich mit dieser Form um – aus praktischen Gründen: Wie viel Wein jeweils benötigt wird, lässt sich nicht voraussehen, und Wein kann im Tabernakel nicht gut aufbewahrt werden.

HK

Kommunion-Helferdienst

Woraus ist die Möglichkeit entstanden, Kommunionhelfer einzusetzen?
Was sagt das Zweite Vatikanische Konzil dazu? Wie wird dies begründet?
Und wie ist heute die Praxis?

Kommunionhelferinnen und Kommunionhelfer gehören in den allermeisten Gemeinden zum gewohnten Bild der Sonntagsmesse. Bereits 1968 haben die deutschen Bischöfe mit römischer Erlaubnis die Beauftragung von Laien zur Austeilung der heiligen Kommunion unter bestimmten Voraussetzungen gestattet. Die Einführung dieses Dienstes in Folge des Zweiten Vatikanischen Konzils hängt eng zusammen mit der wieder gewonnenen Einsicht, dass die Eucharistiefeier nicht Angelegenheit eines einzelnen Akteurs (des Priesters) ist, dem die Gemeinde mehr oder weniger passiv teilnehmend gegenübersteht. Vielmehr hat jeder Einzelne in der »Gemeinschaft, die sich zur Feier der Messe versammelt, … das Recht und den Auftrag, tätig mitzuwirken, und zwar in verschiedener Weise, je nach Stellung und Aufgabe. Dabei sollen alle, ob sie einen besonderen Dienst ausüben oder nicht, nur das und all das tun, was ihnen zukommt. So soll bereits aus der Gestalt der Feier die in verschiedene Ämter und Dienste gegliederte Kirche erkennbar werden« (Allgemeine Einführung ins römische Messbuch, Nr. 58). Nach der Lehre des Konzils ist also das ganze Volk Gottes Träger der liturgischen Feiern, insbesondere der Eucharistie (vgl. Liturgiekonstitution »Sacrosanctum Concilium«, Art. 14, 26 und 28). Die »tätige Teilnahme« aller wird konkret durch den inneren Mitvollzug des Gottesdienstes, durch Beten und Singen, den Empfang der heiligen Kommunion, durch gemeinsame Gesten und Haltungen, aber auch durch die Bereitschaft, besondere Dienste zu übernehmen.
Nach den geltenden Bestimmungen von 1973 (Instruktion der Sakramentenkongregation »Immensae caritatis«) können Kom-

munionhelfer ihren Dienst ausüben, wenn kein Priester oder Diakon zur Verfügung steht, oder wenn diese wegen anderer Seelsorgeverpflichtungen, wegen Krankheit oder hohem Alter verhindert sind, oder wenn die Zahl der Gläubigen, die zur Kommunion kommen, so groß ist, dass die Feier der Messe zu lange dauern würde. Geeignete Frauen und Männer, die sich auf Bitten des Pfarrers bereit erklären, werden auf ihren Dienst als Kommunionhelfer eigens vorbereitet und brauchen eine schriftliche Beauftragung des Bischofs, die zeitlich befristet ist. Was das Alter betrifft, hat die Deutsche Bischofskonferenz ein Richtmaß von 25 Jahren festgesetzt, wobei in begründeten Fällen Ausnahmen möglich sind. Neben der Unterstützung des Priesters bei der Kommunionspendung in der Messe wirken sie auch bei der Krankenkommunion in der Gemeinde, in Seniorenheimen und Krankenhäusern mit und können die heilige Eucharistie zur Anbetung aussetzen.

Die theologische Grundlegung dieses Laiendienstes in den Konzilstexten und seine pastoral-praktische Ausrichtung als »Helferdienst« bei bestimmten Notwendigkeiten passen nicht lückenlos zusammen. Dies wird insbesondere deutlich, wenn mehrere Priester und Diakone bei einer heiligen Messe mitwirken. Bezüglich des Einsatzes von Kommunionhelfern ist hier besondere Sensibilität erforderlich; auch in dieser Situation kann die Beteiligung von Laien angemessen sein.

GB

Segens-Formen

Was geschieht eigentlich, wenn am Ende der Messe der Segen gespendet wird? Und wie unterscheiden sich der schlichte Segen mit dem Kreuzzeichen und der »sakramentale Segen« mit der Monstranz?

Der Segen hat seinen Ursprung in der Zuwendung und Fürsorge Gottes für seine Geschöpfe. »Gott segnete sie«, heißt es in der Schöpfungserzählung (Buch Genesis 1, 29). Gott segnet, er begleitet und behütet sein Volk, mit dem er einen Bund schließt. Ein Beispiel für diesen Segen Gottes ist der so genannte Aaronitische Segen (Buch Numeri 6, 22–27), der mit den Worten schließt: »So sollen sie meinen Namen auf die Israeliten legen, und ich werde sie segnen.« Der Name Gottes ist Gott selbst, der schützend seine Hände über seinem Volk ausbreitet.

Durch Jesus Christus, den Immanuel, den »Gott-ist-mit-uns«, begleitet Gott selbst sein Volk, für das Jesus Christus zum Segensspender wird. Diese Heilstat Gottes feiern wir in der Eucharistie, in der Segensbitten ihren Platz haben und die mit einem Schlusssegen endet. Dieser Segen geschieht »einfach« mit dem Kreuzzeichen, das der Priester über die Gemeinde zeichnet, in einem Segensgebet über die Gemeinde oder in einem feierlichen dreigliedrigen Segen.

Aus dem Brauch, bei festlichen Umzügen die Menschen mit Heiltümern (Bilder des Herrn, seiner Mutter, der Heiligen und Reliquien) zu segnen, entwickelten sich die Fronleichnamsprozession und der so genannte sakramentale oder eucharistische Segen nach der Aussetzung des Allerheiligsten. Die Quelle des Segens ist die Feier der Eucharistie; die Form des Segens mit der Monstranz oder mit dem Ziborium, dem Speisekelch für die konsekrierten Hostien, hängt eng mit der Eucharistiefrömmigkeit zusammen. Der Liturgiewissenschaftler Andreas Heinz fasst es so zusammen: Durch die Aussetzung werde die Nähe Christi im Sakrament betont und vertieft, zur Betrachtung des Heilswerkes Christi eingeladen und das Verlangen nach der sakramentalen Kommunion geweckt. Der sakramentale Segen kann ausdrücken, dass der im Sakrament gegenwärtige Herr gleichsam wie ein bergender Mantel auf die Gemeinde gelegt wird. Diesen Segen zu spenden, ist nur Priestern und Diakonen gestattet.

Segen – mit dem »einfachen« Kreuzzeichen oder mit dem Allerheiligsten – ist Zeichen des Glaubens an den Herrn, der mit den Menschen geht, und Bitte um seine Gegenwart. In besonderer Weise geschieht die Wegbegleitung, wenn wir die Eucharistie feiern und den Herrn im Sakrament empfangen.

HK

Segens-Formeln

Wir sind sonntags viel unterwegs und besuchen die heilige Messe an verschiedenen Orten. Da hören wir beim Schlusssegen unterschiedliche Formeln: »Es segne euch ...« oder »Es segne uns ...« Was ist »besser«?

Ihre Beobachtung kann ich bestätigen: Priester verwenden unterschiedliche Segensformeln, weil das »uns« bzw. das »euch« eher ihrem Amtsverständnis entspricht oder weil es ihnen oder Gemeindemitgliedern so oder so besser gefällt. Manche Priester wollen herausstellen, dass sie wie alle Getauften zum Volk Gottes gehören, Glieder der Gemeinde sind und nicht über den Gottesdienstbesuchern stehen. Sie bevorzugen das »uns«. Außerdem klingt »Es segne uns« »demokratischer« als »Es segne euch«. Andere Priester betonen den Auftrag, den sie in der Gemeinde und für die Gemeinde haben. Sie leiten die Eucharistiefeier und sprechen der Gemeinde Gottes Segen zu.

Welche Segensformel »besser« ist, möchten Sie wissen. Mir klingt das, als gehe es bei der Form des Segens um den Geschmack. Die

Frage müsste sein: Was ist richtig? Denn der Segen, den der Priester am Ende der heiligen Messe, vor der Entlassung, spricht, lautet: »Es segne euch der allmächtige Gott ...«. Sprachlich ein wenig verändert, schließen die feierlichen dreigliedrigen Segensformeln und die so genannten »Gebete über die Gläubigen« mit den Worten: »Das gewähre euch der dreieinige Gott ...«

Priester, die in dieser Form segnen, stellen sich nicht über die Gemeinde, sie nehmen ihren Auftrag wahr. Ob sie sich über andere Menschen stellen, zeigt sich viel mehr in der Art und Weise, wie sie die Gemeinden leiten und sich Gemeindemitgliedern gegenüber verhalten.

Immer segnet Gott die Menschen, die ihn um seinen Segen bitten. Den Segen Gottes empfangen die Gläubigen, zu denen auch die Priester gehören, durch Christus, was im Epheserbrief (1, 3) so zu lesen steht: Gott »hat uns mit allem Segen seines Geistes gesegnet durch unsere Gemeinschaft mit Christus ...«. Der Priester, der die Gemeinde am Schluss der heiligen Messe segnet, handelt im Auftrag Christi.

Selbstverständlich sind nicht nur kirchliche Amtsträger beauftragt zu segnen, sondern alle Getauften haben die Vollmacht dazu, so zum Beispiel Eltern, die ihre Kinder segnen. Welche Form des Segens sie wählen, entscheiden sie selbst. Dabei drückt die Form »Es segne uns« aus: Wir bitten gemeinsam Gott um seinen Segen. Die Form »Es segne euch« ist eher eine Fürbitte: Ich bitte Gott um seinen Segen für euch.

HK

Palmsonntagsliturgie

Warum wird in der Eucharistiefeier am Palmsonntag die Leidensgeschichte als Evangelium gelesen? Wäre es nicht sinnvoller, den Text vom Einzug Jesu in Jerusalem an dieser Stelle zu verkünden? Die Leidensgeschichte hat doch ihren guten Platz im Karfreitagsgottesdienst.

Ihr Vorschlag klingt vernünftig, denn auch die Gottesdienste der drei österlichen Tage sind jeweils von einem Grundgedanken bestimmt: An Gründonnerstag gedenken wir der Liebe Christi, die im Dienst der Fußwaschung und in der Stiftung der heiligen Eucharistie aufscheint. An Karfreitag stehen Leiden und Sterben Jesu am Kreuz zum Heil aller Menschen im Mittelpunkt. Die Osternacht will uns mitreißen in den Übergang Jesu vom Tod zum Leben. Warum also ist der Gottesdienst am Palmsonntag merkwürdig zweigeteilt? Zuerst gedenken wir mit einer feierlichen Prozession des Einzugs Jesu in Jerusalem, dann aber sind Wortgottesdienst und Eucharistiefeier vom Gedanken der Passion bestimmt.

Einen Anhaltspunkt liefert der Blick in die Entstehungsgeschichte der jährlichen Osterfeier. Gegen Ende des 4. Jahrhunderts ist in Jerusalem bereits eine feste Form ausgeprägt. Der Pilgerbericht einer frommen Frau namens Egeria gibt Auskunft darüber. Täglich werden mehrere Gottesdienste gefeiert. Am Sonntag vor Ostern versammelt sich die Gemeinde zur elften Stunde (nachmittags gegen 17 Uhr) vor der Stadt und zieht nach der Lesung vom Einzug Jesu in Prozession nach Jerusalem; dort endet der Gottesdienst mit einer Lichtfeier in der Grabeskirche. Am Ort des Geschehens möchte man die Ereignisse der Überlieferung gemäß nachvollziehen. Ganz anders in Rom: Nach den ältesten Liturgiebüchern begeht die altrömische Liturgie den Palmsonntag mit einer Eucharistiefeier, deren zentraler Inhalt die Passion des Herrn ist. Darum wird auch die ganze Leidensgeschichte vorgetragen. Zuvor wird der Christushymnus des Philipperbriefes (Phil 2, 5–11) gelesen, der von der Erniedrigung und Erhöhung des Herrn spricht. So wird deutlich: Leiden und Auferstehung Christi bilden einen untrennbaren Zusammenhang. Darauf sollen die Gläubigen schon zu Beginn der Heiligen Woche aufmerksam werden.

Andere westliche Liturgien orientieren sich zunächst stark am Jerusalemer Vorbild, doch bereits im 10. Jahrhundert ist eine Kombination der altrömischen Passionsfeier mit dem Einzugsgedächtnis bezeugt. Diese Verschmelzung beider Elemente prägt zunehmend auch die römische Liturgie bis hin zum Römischen Messbuch von 1970, das mögliche Formen des Palmsonntagsgottesdienstes für heute beschreibt.

Was spricht für eine Liturgie mit zwei Schwerpunkten? Die Karwoche dient dem Gedächtnis des Leidens Christi, das mit seinem messianischen Einzug in Jerusalem begann. Er zog dort nicht von den Menschen umjubelt ein, um vordergründig als König ausgerufen zu werden. Vielmehr wusste er, dass Leid und Tod auf ihn warten. Erst durch die Auferstehung wurde seine königliche Herrschaft über Leben und Tod offenbar. Auf diesen ganzen Spannungsbogen will der Palmsonntag unseren Blick lenken. Nicht nur eine Etappe, sondern der ganze Weg Jesu bis Ostern wird bereits vor uns entfaltet. Damit stellt der Palmsonntag sozusagen eine Ouvertüre für die jährliche Osterfeier dar.

Noch ein ganz praktischer Grund spricht für die jetzige Form: Man mag es bedauern, aber in der Regel ist die Zahl der Gottesdienstbesucher am Karfreitag geringer als an einem gewöhnlichen Samstag und Sonntag. Etliche Gläubige würden also die Leidensgeschichte gar nicht hören, wenn sie nicht auch innerhalb der Eucharistiefeier am Palmsonntag ihren Platz hätte.

GB

Was Bittgebete bewirken

Wir bitten in den Gottesdiensten fleißig um Frieden in der Welt, wie es vor uns schon tausend fromme Christen getan haben. Aber wir merken, dass Gott diese Bitten nicht erhört. Was hat unser Beten für einen Sinn, wenn wir doch wissen, dass Kriege kommen werden?

Die Frage ist verständlich: Was ändern die Fürbitten an den Verhältnissen? Trotzdem beten Menschen um Frieden und Gerechtigkeit in der Welt, für die Hungernden und die Kranken. Das Bittgebet gehört neben dem Lob- und dem Dankgebet zu den Grundgestalten des Betens. Es findet sich in allen Religionen und hat in der biblischen Tradition einen besonderen Platz. Im ersten Timotheusbrief (2, 1–2) heißt es zum Beispiel: »Vor allem fordere ich zu Bitten und Gebeten, zu Fürbitte und Danksagung auf, und zwar für alle Menschen, für die Herrscher und für alle, die Macht ausüben, damit wir in aller Frömmigkeit und Rechtschaffenheit ungestört und ruhig leben können.« Daran haben sich die Christen immer gehalten. Dass die Gläubigen bei der Feier des Herrenmahles in besonderen Anliegen beten, erwähnt der Kirchenlehrer Justin († 165 n. Chr.). Die Allgemeine Einführung in das Messbuch (Nr. 45) folgt diesem Brauch: »In den Fürbitten übt die Gemeinde durch ihr Beten für alle Menschen ihr priesterliches Amt aus. Dieses Gebet gehört für gewöhnlich zu jeder mit einer Gemeinde gefeierten Messe, damit Fürbitten gehalten werden für die heilige Kirche, die Regierenden, für jene, die von mancherlei Not bedrückt sind, für alle Menschen und für das Heil der ganzen Welt.«

Im Bittgebet wenden sich Menschen mit ihren Nöten an Gott und erkennen damit an, dass sie Hilfe brauchen. Sie vertrauen Gott, dem »nichts zu banal und zu gering für ein Bittgebet ist« (Herbert Vorgrimmler), der weiß, was seine Kinder brauchen, noch ehe sie ihn bitten (vgl. Mt 6, 8). Fürbitten und Bittgebete kommen aus dem Vertrauen, dass Gott nur Gutes schenkt. Was sich Menschen an Gutem wünschen und was Gott an Gutem schenkt, was Menschen wollen und was Gott will, das stimmt nicht immer überein. Trotzdem bitten wir Gott, weil wir ihm vertrauen und uns und andere Menschen ihm anvertrauen. Bittgebete ersetzen nicht unser Tun. Für Menschen in Not zu beten und ihnen nicht zu helfen, um Frieden zu bitten und selbst keine Bereitschaft zur Versöhnung zu zeigen, widerspricht dem Sinn des Gebetes und macht es unglaubwürdig. Beten kann auch dazu beitragen, dass Menschen sich ändern und bekehren und sich selbst ihre Verantwortung bewusst machen für die Änderung der Verhältnisse. Im Zusammenhang mit dem Bittgebet ergeben sich theologische Themen über das Vorauswissen und die Allmacht Gottes, die Freiheit der Menschen und die Frage, wie und ob sich Gott durch Gebete »bewegen« lässt.

HK

Wie der Rosenkranz entstand

Wenn ich mich an meine Jugendzeit zurück erinnere, so wurde damals während des Werktagsgottesdienstes in der Frühe der Rosenkranz gebetet, was mir nie gefiel. Wann, wo und weshalb wurde dieses Rosenkranzgebet eingeführt?

Als in der Zeit vor dem Zweiten Vatikanischen Konzil so genannte »stille Messen« gefeiert wurden, in denen der Priester die Gebete und Texte leise sprach oder nur hörbar für die Messdiener, die dem Priester leise antworteten, beteten Gläubige häufig während der heiligen Messe den Rosenkranz. In unserer Zeit feiern Gläubige in der Regel die heilige Messe anders mit: Sie hören und verstehen die Worte der Heiligen Schrift, sie beten und singen, sie nehmen Dienste wahr und sind so aktiv an der Feier beteiligt. Grundsätzlich gilt: Der Rosenkranz ist eine meditative Gebetsform, kein Begleitgebet für die Eucharistiefeier. Er entwickelte sich ähnlich den Gebetsformen mit Gebetsschnüren, die auch in anderen Religionen gebräuchlich sind. Im Mittelalter beteten Ordensbrüder, -schwestern und Laien, die nicht lesen konnten, nach der Zahl der im Stundenbuch vorgeschriebenen 150 Psalmen 150 Vaterunser. So genannte Paternosterschnüre erleichterten dabei das Zählen. Nach und nach wurde das Vaterunser durch das Ave Maria ersetzt. 150 Marienanrufungen bildeten den Marienpsalter, dessen dritter Teil im 13. Jahrhundert »Rosarium« genannt wurde. Mit diesem marianischen Gebet verband sich das Bild, man winde der Mutter Jesu einen Kranz aus weißen, roten und goldenen Rosen. Um Geplapper und bloße Lippenbekenntnisse zu vermeiden, fügten Zisterzienser-Mönche Betrachtungen aus dem Leben Jesu ein. Die 15 Gesätze schließlich des freudenreichen, des schmerzhaften und des glorreichen Rosenkranzes waren leicht zu merken und förderten den Rosenkranz als Volksgebet.

Verbindlich geregelt wurde das Rosenkranzgebet durch Papst Pius V. (1569). Papst Paul VI. wies 1974 in einem Apostolischen Schreiben zur Marienverehrung besonders auf den biblischen Inhalt der Gebets- und der Betrachtungsworte hin. Wörtlich schrieb er: »Dieses Gebet ist ernst und flehend im Vaterunser, poetisch und lobpreisend im Ave Maria, beschaulich in der aufmerksamen Betrachtung der Geheimnisse, anbetend in der Doxologie.« (Doxologie ist der feierliche Lobpreis Gottes am Ende von Gebeten, zum Beispiel das »Ehre sei dem Vater«.)

Als eine Form meditativen Betens kann der Rosenkranz einen festen Platz im Leben von Christen und Gemeinden haben. In neuerer Zeit wurde die Zahl der Gesätze erweitert. Dazu heißt es im Gotteslob (Nr. 33): »Zur Abwechslung und Auflockerung können wir den Rosenkranz auch so beten, dass wir ... andere Geheimnisse über Glaubenswahrheiten oder biblische Geschehnisse einfügen.«

Dann folgen die so genannten »trostreichen Geheimnisse«. Auf Papst Johannes Paul II. gehen in neuerer Zeit die »lichtreichen Geheimnisse« zurück.

HK

Beten für die Toten

Mich stört seit Jahren die Gebetsformel »Herr, gib ... die ewige Ruhe«. Schon oft habe ich gehört: »Herr, gib ... die ewige Freude«. Noch besser finde ich: »Herr, gib dem Körper von ... die ewige Ruhe und führe seine Seele zur ewigen Freude bei dir«.

Die Bitte um »die ewige Ruhe« stört nicht nur Sie, sondern viele Seelsorger, die deshalb statt von Ruhe von »ewiger Freude« oder vom »ewigen Leben« sprechen.
In der neuen Studienausgabe für die Begräbnisfeier in der Erzdiözese Wien lautet die Bitte offiziell: »Herr, gib ihm (ihr) und allen Verstorbenen das ewige Leben.«
Die von Ihnen vorgeschlagene Formulierung halte ich theologisch für problematisch, da Sie die Ruhe für den Körper von der Freude für die Seele unterscheiden. Der Glaube an die Auferstehung der Toten schließt die Auferstehung von Leib und Seele ein.
Ich nehme die gewohnte Form und sage »ewige Ruhe«. Gebete und Gebetsformeln sollten nämlich nicht ohne schwer wiegende Gründe geändert werden, weil sich Menschen nicht leicht an neue Formulierungen gewöhnen. Wir brauchen bekannte Formen, die vielen vertraut sind, damit möglichst viele gemeinsam beten können. Die Bitte »Herr, gib ihm (ihr) die ewige Ruhe« und die Antwort: »Und das ewige Licht leuchte ihm (ihr)« gehören zur katholischen Tradition. Gegen die »ewige Ruhe« wird eingewandt, das sei missverständlich und müsse erklärt werden. Eben-

falls erklärungsbedürftig sind »ewige Freude«, »ewiges Leben« und »ewiges Licht«.

Die Bitte um die ewige Ruhe schließt die Bitte um das ewige Leben ein. Ruhe ist dabei nicht mit Schlaf gleichzusetzen, und das ewige Leben, das wir bei Gott erwarten, ist nicht die Fortsetzung des irdischen Lebens, sondern seine Vollendung in Gott.

In der Schöpfungserzählung heißt es: »Gott segnete den siebten Tag und erklärte ihn für heilig; denn an ihm ruhte Gott, nachdem er das ganze Werk der Schöpfung vollendet hatte« (Genesis 2, 3). Im Buch Exodus (31, 17) steht: Der Herr ruhte und atmete auf. Auf diese Verse gründet sich das alttestamentliche Gebot, am Sabbat zu ruhen. Das Wort »Sabbat« lässt sich übrigens mit »Ruhe« übersetzen.

Gott selbst hat zuerst den Sabbat gefeiert, hat ihn gesegnet und für heilig erklärt. Menschen, die den Sabbat feiern, erleben gleichsam einen Vorgeschmack der ewigen Ruhe Gottes und des ewigen Gottesfriedens.

Ruhe gehört zu den Heilsgaben Gottes. »Ruhe in Gott« meint die Fülle des Lebens, zu der auch das Ausruhen gehört. In der Offenbarung des Johannes (14, 13) finde ich diesen Gedanken sehr schön ausgedrückt: »Selig die Toten, die im Herrn sterben, ... sie sollen ausruhen von ihren Mühen«.

HK

Glauben und Singen

Glauben wir eigentlich noch, was wir in den Osterliedern und ähnlichen Kirchenliedern singen? Oder ist das, was wir da singen, Illusion? Geht es an unserer praktischen Lebenserfahrung vorbei?

Wenn ich erfahre, dass mein Glaube »stimmt« und sich im Leben bewahrheitet, dann ist das ein beglückendes Geschenk, für das ich nur danken kann. Häufiger jedoch erlebe ich eine Spannung zwischen Glauben und Lebenserfahrung, die nicht einfach aufzulösen ist. All das Unrecht, die Kriege, Armut, Krankheit und Tod in der Welt geben Anlass zum Zweifeln. Aber mein Vertrauen auf Gott bewahrt mich davor, die Hoffnung zu verlieren. Wer einer Illusion erliegt, meidet die Wirklichkeit und flüchtet in eine heile Scheinwelt. Wer ernsthaft glaubt, der lernt die Wirklichkeit mit Gottes Augen zu betrachten, sich ihr wach und verantwortlich zu stellen und sie mit Gottes Hilfe ein kleines Stück zu verändern. Zu glauben, dass Gott seinen Sohn Jesus Christus nicht im Tod gelassen, sondern zum Leben auferweckt hat, zieht deshalb ernsthafte Konsequenzen für mein Leben und Handeln nach sich.

Kirchenlieder gehören für mich zum Gottesdienst, zum Fest des Glaubens, das mir Mut macht und Kraft gibt. Mal bringen sie Dank und Freude, Trauer und Klage der Menschen vor Gott, mal wollen sie unserem Glauben und Hoffen Ausdruck geben. Persönlich bin ich überzeugt, über den Gesang von Kirchenliedern viel über Gott und die Welt gelernt und den Glauben vertieft zu haben. Ich spüre, wie die Melodie die Botschaft vom Kopf ins Herz sinken lässt; dahin, wo der Glaube seine Wurzeln im Menschen schlägt. Wie die Hoffnung, so kommt auch der Glaube nicht ohne Bilder aus, die etwas davon vermitteln, wie Gott in seiner Unbegreiflichkeit ist und wie er sich liebevoll für uns einsetzt. Solche Glaubensbilder entdecke ich in vielen Osterliedern. Sie verführen mich nicht zur Illusion, sondern geben etwas von der Spannkraft, die ich brauche, um im

Alltag zu glauben. Dazu müssen sie allerdings zutreffend gewählt sein. Die schwülstige Ausmalung barocker oder romantischer Dichtung genügt unseren heutigen Ansprüchen nur noch selten.

Gelungen scheint mir die Auswahl von Gesängen für die Osterzeit im Stammteil des katholischen Gebet- und Gesangbuchs »Gotteslob«. Etliche sind biblisch ausgerichtet, orientieren sich etwa an einem Psalm (GL 227: Danket Gott, denn er ist gut) oder helfen als »gesungenes Evangelium«, sich die Osterbotschaft des Neuen Testamentes einzuprägen (GL 218: Gelobt sei Gott; GL 221: Ihr Christen, singet hocherfreut). Manche Liedstrophen sind Kurzformeln des Glaubens (GL 213: Christ ist erstanden) oder legen dar, was es bedeutet, auf den Tod und die Auferstehung Jesu Christi getauft zu sein (GL 220: Das ist der Tag, den Gott gemacht). Das Lied des feinsinnigen Barockdichters Friedrich Spee (GL 219: Die ganze Welt, Herr Jesu Christ) lässt sich noch heute gut nachvollziehen, denn es entfaltet das Aufblühen der Natur im Frühling als Gleichnis für die Auferstehung und ermuntert durch ein fröhliches Halleluja zum Lob des Auferstandenen. Die Frage ist also weniger, ob wir glauben, was wir in den Osterliedern singen, sondern eher, ob unser Liedgut – altehrwürdiges oder neues – zutreffend widerspiegelt, was unseren Glauben ausmacht. Die große Herausforderung bleibt, im Leben zu bezeugen, was wir gläubig besingen.

GB

Typisch katholisch

Der Sonntag und die Eucharistie

Gilt das Kirchengebot über den Besuch der heiligen Messe an Sonntagen nicht mehr? Immer mehr Katholiken (Erwachsene, Jugendliche und auch Kinder) bleiben dem Gottesdienst fern. Die Pfarrer nehmen das ohne ein Wort der Ermahnung hin.

Das Gebot gilt noch, das im Kirchenrecht (can. 1247) so lautet: »Am Sonntag und an den anderen gebotenen Feiertagen sind die Gläubigen zur Teilnahme an der Messfeier verpflichtet.« Fast noch deutlicher klingt, was der Katholische Erwachsenen-Katechismus von 1995 schreibt: »Wer der Eucharistiefeier am Sonntag fernbleibt und sich mit Vorwänden der Verpflichtung entzieht und trotz besserer Einsicht Gottes Einladung zum Gastmahl seines Sohnes ausschlägt, macht sich schuldig. Sein Handeln steht im Widerspruch zu seinem Christsein« (S. 222). Leider bleiben trotz des Gebotes viele Katholiken am Sonntag dem Gottesdienst fern. Ob alle Pfarrer das ohne ein Wort der Ermahnung hinnehmen, weiß ich nicht. Ermahnende Worte nützen allerdings wenig, wenn die sie nicht hören, für die sie bestimmt sind.

Menschen denken bei Geboten, Gesetzen und Verpflichtungen oft an Zwänge, die sie ablehnen. Was muss ich tun? Was ist verboten? Was darf ich, was darf ich nicht? Solche oder ähnliche Fragen möchte ich im Zusammenhang mit dem Gottesdienst am Sonntag nicht stellen. Es kommt auf den Sinn des Sonntags an, des ersten Tages der Woche, des »Urfeiertags«, an dem wir Christen die Erinnerung an den ersten Ostersonntag begehen. Im Gottesdienst feiern wir das Gedächtnis Jesu Christi mit Gebeten und Liedern, Lesungen und Musik. Wir brechen das Brot und halten miteinander das Mahl, das Jesus der Kirche aufgetragen hat: »Tut dies zu meinem Gedächtnis!« So bringen wir in Erinnerung, was Jesus gesagt und getan hat. Wir feiern die Auferstehung des Herrn, den Sieg des Lebens über den Tod, und danken Gott. Das tun wir in der

Kirche, der Gemeinschaft der Glaubenden, und als Glieder einer Gemeinde. Am Sonntagsgottesdienst teilzunehmen, gehört zu den Selbstverständlichkeiten von Christen. Wenn eine Gemeinde am Sonntag den Gottesdienst wirklich feiert, dann bedeutet die Erfüllung der Sonntagspflicht nicht Last, sondern Freude.

HK

Vom Sinn der Sonntagspflicht

Wenn jemand monatelang aus eigener Schuld die Sonntagsmesse versäumt, darf er dann ohne weiteres die heilige Kommunion empfangen?

Wer sich einer schweren Sünde bewusst ist, darf ohne vorherige sakramentale Beichte den Leib des Herrn nicht empfangen, außer es liegt ein schwerwiegender Grund vor und es besteht keine Gelegenheit zur Beichte, so heißt es im geltenden Kirchenrecht (can. 916). Zur Beantwortung Ihrer Frage muss also geklärt werden, ob das andauernde Versäumnis der Sonntagsmesse aus eigener Schuld eine schwere Sünde darstellt.

Die Feier der Eucharistie ist die vornehmste Aufgabe der Kirche und jeder Gemeinde, denn darin erfüllen wir den Auftrag des Herrn: »Tut dies zu meinem Gedächtnis« (Lk 22, 19). Die sonntägliche Messfeier gibt dem ganzen christlichen Leben ihr Fundament, denn der einzelne Christ kann in seinem Glauben nur bestehen und wachsen, wenn er immer wieder das Gedächtnis des Todes und der Auferstehung Jesu mitfeiert. Ebenso stützen und tragen wir einander, wenn wir am Gottesdienst teilnehmen. Gemeinsam bezeugen wir unsere Hoffnung auf Gott und unsere Zugehörigkeit zu Christus. Glaube und Liebe werden gestärkt – und damit die Verbundenheit untereinander in der Gemeinschaft der Kirche. Deshalb sind die Gläubigen am Sonntag und an den gebotenen

Feiertagen zur Teilnahme an der Messfeier verpflichtet (can. 1247). Dieses Gebot der Kirche bindet allerdings nicht in jedem Fall und unter allen Umständen. Wenn etwa wegen des Fehlens eines Priesters die Teilnahme an der heiligen Messe unmöglich ist, soll entweder ein Wortgottesdienst besucht oder das persönliche Gebet (sinnvollerweise auch gemeinsam) gepflegt werden. Auch will die Kirche niemand unter schwerer Belastung oder großem Nachteil zur sonntäglichen Messe verpflichten: Angegriffene Gesundheit ist ebenso ein Entschuldigungsgrund wie Pflichten der Nächstenliebe (z.B. die Betreuung kleiner Kinder oder alter Menschen) und Berufspflichten.

Der Katechismus der Katholischen Kirche von 1993 schätzt das absichtliche Versäumnis der Sonntagsmesse wegen ihrer zentralen Bedeutung als schwerwiegend ein. Wer sich aber in einer schwerwiegenden Sache und mit vollem Bewusstsein und bedachter Zustimmung verfehlt, begeht eine »schwere Sünde«. Dies trifft folglich auch auf die absichtliche Verletzung des Sonntagsgebotes zu (vgl. Nr. 2181). Steht hier die Tatsache an sich im Zentrum der Beurteilung, so sah die Gemeinsame Synode der Bistümer in der Bundesrepublik Deutschland (1976) in der dahinter stehenden Haltung des Einzelnen ein zusätzliches Kriterium für die Gewichtung: Es ist eine »ernsthafte Verfehlung gegen Gott und die Gemeinde, wenn ein Christ die Eucharistiefeier am Sonntag ohne schwerwiegenden Grund versäumt. Ob das im einzelnen Fall als schwere Sünde bezeichnet werden muss, ist von daher zu beurteilen, inwieweit sich hier eine Haltung der Undankbarkeit, Gleichgültigkeit oder Ablehnung gegenüber Gott und seiner Kirche ausdrückt. ... Zumal wer immer wieder ohne Grund der sonntäglichen Eucharistiefeier fernbleibt, steht in schwerem Widerspruch zu dem, was er als getaufter und gefirmter Christ der Gemeinschaft der Kirche und sich selber schuldig ist, und er weist damit zugleich undankbar das Angebot Gottes zurück« (Synodenbeschluss »Gottesdienst«, 2.3).

GB

Ersatz für die Sonntagspflicht

Im Blick auf das Kirchengebot der Sonntagspflicht habe ich folgende Fragen: Ist auch die Teilnahme an einer im Fernsehen übertragenen Eucharistiefeier Erfüllung des Kirchengebots? Ist ein evangelischer Gottesdienst in unserem Sinne als Wortgottesdienst zu betrachten?

An einer im Fernsehen übertragenen Eucharistiefeier nehmen nur die teil, die den Gottesdienst in der Kirche mitfeiern, aus der er übertragen wird. Wer die Feier zu Hause am Bildschirm erlebt, kann Anteil nehmen, nimmt aber nur im übertragenen Sinn teil; denn zur vollen Teilnahme an der Eucharistiefeier gehört die körperliche Anwesenheit.

Die im Fernsehen übertragenen Gottesdienste sind vor allem für Menschen gedacht, die nicht zum Gottesdienst in eine Kirche oder Kapelle kommen können; wenn dafür ernsthafte Gründe vorliegen (Krankheit, Gebrechlichkeit im Alter, Versorgung von Kindern oder Kranken, unvertretbare Berufstätigkeit), sind die Gläubigen von der Sonntagspflicht befreit. Fernsehgottesdienste tragen dazu bei, dass die Botschaft des Evangeliums auch Menschen erreicht, die sich von der Kirche entfernt haben oder die nicht glauben. Trotz ihrer oft sehr hervorragenden Gestaltung wollen und können Fernsehgottesdienste nicht den Gemeindegottesdienst ersetzen oder gar überflüssig machen.

Das Kirchenrecht (can. 248 § 2) empfiehlt sehr die Teilnahme an einem Wortgottesdienst, wenn am Sonntag die Teilnahme an einer Eucharistiefeier unmöglich ist. Dabei wird vorausgesetzt, dass der Wortgottesdienst »in der Pfarrkirche oder an einem heiligen Ort« entsprechend den kirchlichen Vorschriften gefeiert wird. Auch das persönliche Gebet, das Gebet in der Familie oder in Familienkreisen werden als Möglichkeiten genannt.

Den Vorrang hat am Sonntag der Gottesdienst in der (eigenen) Pfarrkirche. Hier trifft sich die Gemeinde, um den Tag des Herrn zu feiern. Auch der Wortgottesdienst ist eine Feier, weshalb sich für ihn immer mehr der Name »Wort-Gottes-Feier« durchsetzt. Ein evangelischer Gottesdienst ist »in unserem Sinne«, im katholischen Verständnis also, nicht als Wortgottesdienst (Wort-Gottes-Feier) zu betrachten, er ist es im evangelischen Sinn. Damit werte ich den evangelischen Gottesdienst nicht ab. Ich habe evangelische Gottesdienste erlebt, die mich tief berührt und beeindruckt haben. Aber evangelische Christen feiern ihre Gottesdienste nach ihrem Verständnis und ihrer Glaubenstradition, katholische Christen tun es nach ihrer Glaubenstradition. Es geht im Gottesdienst auch um Glaubensinhalte, in denen evangelische und katholische Gläubige nicht immer übereinstimmen. Ich halte es nicht für angebracht und empfehlenswert, wenn katholische Christen, in deren Kirche am Sonntag keine Eucharistiefeier gehalten wird, den evangelischen Gottesdienst besuchen. Vielmehr sollten sie sich zur Wort-Gottes-Feier in ihrer Gemeinde versammeln.

HK

Messen bestellen

Im Pfarrbrief unserer Gemeinde steht bei der Ankündigung heiliger Messen immer der Zusatz: »Wir gedenken heute ...«, und: »Die Intentionen werden in der Mission gelesen.« Einmal abgesehen davon, dass ich mir eine allgemein verständlichere Formulierung wünsche – was bedeuten in diesem Zusammenhang die Begriffe Intention und Mission?

Wenn Gläubige eine heilige Messe »bestellen«, verbinden sie eine Geldspende (Stipendium) mit der Bitte, die Eucharistie in einem bestimmten Gebetsanliegen (Intention) zu feiern. Zwei Stränge eines uralten Brauchtums sind hier miteinander verknüpft: Bereits seit dem 2. Jahrhundert war es üblich, dass alle zur Eucharistiefeier Gaben mitbrachten. Sofern diese nicht für die Feier selbst gebraucht wurden, verwendete man sie für den Unterhalt der Kleriker, vor allem aber für Arme und Bedürftige. Der Sinn dieser Messe-Gabe liegt im Gedanken des Mitopferns begründet, der im Gebet zur Gabenbereitung besonders häufig ausgesprochen wird: Unsere Gabe ist Zeichen dafür, dass wir selbst und unser Mühen und Sorgen zusammen mit Brot und Wein hineinverwandelt werden in die Herrlichkeit des Reiches Gottes.

Es ist durchaus legitim, wenn die Spender mit ihrer Gabe darum bitten, ein persönliches Anliegen (meistens für lebende und verstorbene Angehörige) zum Gebetsanliegen der ganzen Eucharistiegemeinde zu machen; denn im Hochgebet jeder heiligen Messe trägt die Kirche dem Vater im Himmel ihre großen Bitten vor. Dabei verweist sie auf das Lebensopfer Jesu Christi, der als gekreuzigter und auferstandener Herr unter den Zeichen von Brot und Wein gegenwärtig ist und alle lebenden, verstorbenen und vollendeten Glieder der Kirche zur Gemeinschaft des Gottesvolkes versammelt.

Da die Stipendien und ihre Regelung unmittelbar das Sakrament der Eucharistie berühren, das ein unverdientes und unbezahlbares Geschenk des Auferstandenen an seine Kirche ist, muss jeder Anschein von Geschäftemacherei vermieden werden. Darum hat man diesen Bereich im Kirchenrecht sorgfältig geregelt (c. 945 – 958). Zusätzlich erlassen die Bistümer eigene Bestimmungen. So wird etwa die Höhe des Stipendiums vom Bischof festgelegt und darf in Gemeinden nicht eigenmächtig verändert werden. Es wird den Priestern dringend empfohlen, auch wenn sie kein Stipendium erhalten, die heilige Messe in den Anliegen von Gläubigen zu feiern. Da in Deutschland für den Lebensunterhalt der Priester durch eine Besoldung ausreichend gesorgt ist, müssen die Geldspenden einem anderen Zweck zugeführt werden, der dem Wohl der Kirche und ihren Aufgaben entspricht. Für jedes angenommene Stipendium ist gesondert eine heilige Messe in der Intention der Spender zu feiern. Liegen mehrere Gebetsanliegen für eine heilige Messe vor, können diese im

Pfarrbrief angekündigt und bei der Feier genannt werden. Allerdings müssen in diesem Fall – bis auf eines – alle übrigen Stipendien mit den entsprechenden Gebetsanliegen weitergeleitet werden. Häufig geschieht das, indem man sie an Priester in der Dritten Welt übermittelt. So kommen die Stipendien seelsorglichen und sozialen Aufgaben zugute oder tragen zum Lebensunterhalt der Missionare bei.

GB

Eucharistische Anbetung

In vielen Bistümern gibt es die Tradition des »Ewigen Gebetes« oder des »Vierzigstündigen Gebetes«. Woher kommt sie und was ist ihre Bedeutung?

Katholische Christen glauben, dass in der Feier der heiligen Messe Brot und Wein in den Leib und das Blut Jesu Christi verwandelt werden und dass Jesus Christus unter diesen »eucharistischen Gestalten« gegenwärtig bleibt. In der Anbetung verehren wir den Leib des Herrn. Zwei Formen der Eucharistieverehrung haben eine lange Tradition und werden bis heute gepflegt: die »Ewige Anbetung« (auch »Ewiges Gebet« genannt) und das »Vierzigstündige Gebet«. Letzteres wurde seit der Mitte des 16. Jahrhunderts besonders durch die Jesuiten verbreitet und war zunächst vor allem als Andacht in Notzeiten gedacht. Später wurde es besonders während der Karnevalstage als Sühneandacht begangen. Die Anfänge dieser Gebetsform hängen mit der Verbreitung von Nachbildungen des heiligen Grabes zusammen. Seit dem 10. Jahrhundert wurde es vielfach üblich, darin bei der »Grablegung« am Karfreitag das heilige Sakrament zur Verehrung auszusetzen: die Eucharistie als Ort der Begegnung mit dem gekreuzigten und auferstandenen Herrn. Da man die Grabesruhe Jesu auf 40 Stunden berechnete, entwickelte sich am heiligen Grab das »Vierzigstündige Gebet«.

Bereits im Mittelalter wurde also die Eucharistie zur Anbetung ausgesetzt und verehrt. Seit dem 16. Jahrhundert wurde dies in Abgrenzung zur Abendmahlslehre der Reformatoren nachdrücklich gefördert. Das Vierzigstündige Gebet löste sich von der Karwoche ab und wurde zur selbstständigen Andacht. Papst Clemens VIII. schrieb 1592 für alle römischen Kirchen eine fortdauernde Anbetung vor. Dieser Gedanke verbreitete sich dann im 18. Jahrhundert von Österreich ausgehend, so dass das »Ewige Gebet« heute in vielen Diözesen im Kreislauf eines Jahres von Pfarrei zu Pfarrei weitergetragen wird.

Im Leben einer Pfarrgemeinde hat der jährliche Anbetungstag einen besonderen Platz und ist verbunden mit dem stellvertretenden Gebetsdienst in den großen Anliegen der Kirche und der ganzen Welt. In jüngster Zeit hat die überlieferte Form der Anbetung durch die Weltjugendtage neue Impulse bekommen und steht im Dienst eines geistlichen Aufbruchs, der aus der Feier der heiligen Messe seine Kraft schöpft. Die Verehrung der Eucharistie außerhalb der Messe bringt den Glauben an die bleibende Gegenwart Jesu Christi lebendig zum Ausdruck. Sie erwächst aus der Eucharistiefeier und führt zu ihr hin.

Mit eindrucksvollen Worten hat Papst Johannes Paul II. im Jahr 2003 den Wert der Anbetung für das Leben der Kirche betont: »Es ist schön, bei Christus zu verweilen und wie der Lieblingsjünger, der sich an seine Brust lehnte (Joh 13, 25), von der unendlichen Liebe seines Herzens berührt zu werden. Wenn sich das Christentum in unserer Zeit vor allem durch die ‚Kunst des Gebetes' auszeichnen soll, wie könnte man dann nicht ein erneuertes Verlangen spüren, lange im geistlichen Zwiegespräch, in stiller Anbetung, in einer Haltung der Liebe bei Christus zu verweilen, der im Allerheiligsten gegenwärtig ist?« (Enzyklika »Ecclesia de Eucharistia«, Nr. 25)

GB

Rund um das Osterfest

Woher stammt das Wort Ostern? Und wie kommt der Ostertermin zustande? Stimmt es, dass Ostern auf den Termin eines heidnischen Festes gelegt wurde? Widerspricht das nicht dem Verbot der Verehrung anderer Götter?

Ostern ist das wichtigste Fest der Christenheit. Der Höhepunkt sind die drei österlichen Tage: Karfreitag (der Tag des Todes Jesu), Karsamstag (der Tag seiner Grabesruhe) und Ostersonntag (der Tag seiner Auferstehung). Da Tage nach antiker Vorstellung bereits mit dem Vorabend beginnen, dauern die drei österlichen Tage vom Abend des Gründonnerstag (mit der Feier des letzten Abendmahls) bis zum Abend des Ostersonntags.

Der Ursprung des deutschen Wortes »Ostern« ist umstritten. Eine alte und häufige Erklärung bringt es mit der germanisch/keltischen Frühlingsgöttin »Ostera« oder »Ostara« in Verbindung. Andere Ableitungen gehen von dem lateinischen »aurora« (Morgenröte) und von dem griechischen »eos« (Sonne) bzw. von einem gemeinsamen Vorläufer aus. Gemeint wäre damit, dass man in der Osternacht nicht schlafen, sondern bis zur Morgenröte, bis zum Aufgang der Sonne wach bleiben soll.

Wann Ostern als Jahresfest erstmals gefeiert wurde, ist nicht genau bekannt. Die Feier der Auferstehung Jesu Christi speist sich jedenfalls aus zwei Traditionen: aus der Feier des Sonntags, des ersten Tags der Woche, des Tags der Auferstehung; und aus dem jüdischen Pascha-Fest, das jedes Jahr am 14. Nisan, dem Tag des ersten Frühlingsvollmondes gefeiert wurde und wird. Die drei so genannten synoptischen Evangelien (Matthäus, Markus und Lukas) berichten, dass Jesus das Paschamahl (am Vorabend des Festes) als Abschied von seinen Jüngern feierte. Der Evangelist Johannes kennt eine andere zeitliche Abfolge. Danach wurde Jesus nicht am Paschafest, sondern unmittelbar davor gekreuzigt. Aber auch Johannes verbindet Tod und Auferstehung Jesu mit diesem jüdischen

Fest. Der Sonntag als Tag der Auferstehung ergibt sich ebenfalls aus der Bibel: Die Frauen und die Jünger fanden das leere Grab am Tag nach dem Sabbat. Alle vier Evangelien sprechen ausdrücklich vom Tag nach dem Sabbat, dem ersten Tag der Woche.

Im zweiten Jahrhundert gab es einen Streit um das Datum des Osterfestes, den so genannten Osterfeststreit. Das Konzil von Nizäa entschied im Jahr 325 diesen wie folgt, indem es beide Traditionen miteinander versöhnte: Die Christen feiern Ostern am Sonntag nach dem ersten Frühlingsvollmond. Der Ostertermin hängt damit von zwei Faktoren ab: vom Frühlingsanfang und vom Mondkalender. Wegen unterschiedlicher komplizierter kalendarischer Berechnungsmethoden in der West- und in der Ostkirche, die hier nicht dargestellt werden können, fällt der Ostertermin bisweilen auseinander. Ökumenische Anstrengungen, einen einheitlichen Termin zu erreichen, waren bisher nicht erfolgreich.

Da über die Göttin »Ostera« oder »Ostara« nicht viel bekannt ist, kann man nicht sagen, Ostern sei auf ihren Festtag gelegt worden. Und selbst wenn dem so wäre, würde das nicht dem Verbot der Verehrung anderer Götter widersprechen, da doch das christliche Fest gerade an die Stelle des heidnischen getreten wäre. Ansonsten ist es kein unbekanntes Phänomen aus der Geschichte des Christentums, dass heidnische Termine (und auch Orte!) christlich umgedeutet wurden. Bei Ostern scheint das allerdings keine oder jedenfalls keine entscheidende Rolle gespielt zu haben.

AK

Wenn die Orgel schweigt

In vielen Gemeinden schweigt die Orgel nach dem Gloria am Gründonnerstag bis zum Gloria in der Osternachtfeier. Worin ist dies begründet? Wäre es nicht schöner und angemessener, die Orgel in der Osternacht bereits von Anfang an erklingen zu lassen?

Im Zentrum des Kirchenjahres stehen die drei österlichen Tage vom Leiden, vom Tod und von der Auferstehung des Herrn. Ihre liturgische Feier beginnt mit der Abendmahlsmesse am Gründonnerstag und führt über die Liturgie des Karfreitags zur Feier der Osternacht. Aufgrund des hohen Ranges haben sich in diesen Gottesdiensten Besonderheiten herausgebildet und bewahrt, zu denen auch das Schweigen der Orgel nach dem Gloria des Gründonnerstags bis zum Gloria der Osternacht zählt.

Interessanterweise gibt das offizielle Messbuch dazu keinen entsprechenden Hinweis. Dort heißt es nur: »Zum Gloria (der Messe vom Letzten Abendmahl) läuten die Glocken. Darauf schweigen sie bis zur Osternacht, wenn nicht die Bischofskonferenz oder der Ordinarius anders bestimmt.« Dieses Schweigen der Glocken reicht bis in die karolingische Zeit des 9. Jahrhunderts zurück. Amalar von Metz († um 850) sah darin einen Ausdruck der Demut in Nachahmung der Erniedrigung des Herrn. Im Unterschied zu den Glocken seien hölzerne Klappern besser geeignet, in den letzten Tagen der Karwoche die demütige Selbstentäußerung des Herrn darzustellen.

Entsprechend verhält es sich wohl auch mit dem Verzicht auf die Orgel. Die Motive dürften die gleichen sein: Man hat im Blick auf beide festlichen Klanginstrumente von einem »Fasten der Ohren« gesprochen, so wie man das Verhüllen der Kreuze und Altarbilder in der Passionszeit als »Fasten der Augen« deutete.

Vermutlich stellt dieser liturgische Brauch in Wirklichkeit jedoch einen Rest gottesdienstlicher Formen sehr früher Zeiten dar, als weder Glocken noch Schellen oder die Orgel für die Liturgie verwendet wurden. Letztere setzte sich erst seit Ende des Mittelalters immer stärker als gottesdienstliches Musikinstrument im Westen durch. Die Ostkirche kennt das Orgelspiel bis heute nicht. Im Verstummen von Glocken und Orgel finden Liturgiehistoriker den Grundsatz bestätigt, dass sich alte gottesdienstliche Formen in den gewichtigsten liturgischen Feiern des Kirchenjahres kontinuierlich und getreu bis heute erhalten haben.

Der von Ihnen vorgeschlagene festliche Gebrauch der Orgel bereits zu Beginn der Osternacht ist meines Wissens nicht verbreitet, allerdings wird der Gemeindegesang mancherorts mit verhaltenem Orgelspiel unterstützt. Die Osternachtfeier ist ein vielschichtiger Gottesdienst, in dem der Gegensatz von Tod und Leben in der Spannung zwischen Nacht und Morgenlicht, Fasten und Eucharistiemahl, verhaltenem Warten und festlicher Freude eindrucksvoll abgebildet wird. Der erstmalige Einsatz der Orgel nach der Lichtfeier und wichtigen Lesungen aus dem Alten Testament scheint mir ein geeignetes liturgisches Element zu sein, das sinnenfällig zum Ausdruck bringt: Unser Osterglaube und unsere Osterfreude wachsen und müssen sich ihren Weg bahnen.

GB

Am zweiten Feiertag

Warum und wann wurden zweite Feiertage nach Weihnachten, Ostern und Pfingsten eingeführt? In vielen Ländern gibt es sie nicht. Besteht für Katholiken die Pflicht, an diesen Tagen die heilige Messe zu besuchen?

Die drei genannten zweiten Feiertage gelten nicht einheitlich in der Weltkirche. In Deutschland sind sie aber kirchlich gebotene Feiertage. Unter den zweiten Feiertagen hat der Ostermontag wegen des Osterfestes als des höchsten christlichen Festes einen besonderen

Rang. Etwa ab dem 4. Jahrhundert n. Chr. bis zum frühen Mittelalter war die Osterwoche arbeitsfrei. Damit glich man sich dem jüdischen Paschafest und den darauf folgenden Tagen der ungesäuerten Brote an. Später beschränkte man die arbeitsfreie Zeit auf Montag bis Mittwoch, im 17. Jahrhundert wurde der Mittwoch, im 18. Jahrhundert der Dienstag gestrichen. 1911 entfiel im allgemeinen kirchlichen Feiertagsrecht der Ostermontag. In Deutschland ist er allerdings Feiertag geblieben. Die Osteroktav erinnert noch an den alten Brauch der acht arbeitsfreien Feiertage.

Der Pfingstmontag ist kein gesamtkirchlicher Feiertag, aber ein »Rest« der Pfingstoktav, die die Bedeutung des Pfingstfestes betonte. Die Liturgiereform des Zweiten Vatikanischen Konzils sieht den Pfingstsonntag als »achten Ostersonntag« und als Abschluss der Osterzeit. Die Pfingstoktav entfällt seither.

Das Fest des heiligen Stephanus gehört zu den so genannten Begleitfesten in der Weihnachtsoktav. Die Verehrung des Stephanus als des ersten Martyrers der Kirche führte dazu, dass Stephanus schon im 7. Jahrhundert zum Universal-Heiligen wurde. Das Fest »profitiert« vom zweiten Weihnachtsfeiertag, der das Weihnachtsfest ebenso hervorhebt, wie die zweiten Feiertage Ostern und Pfingsten hervorheben.

Kirchlich gebotene Feiertage sind leichter zu begehen, wenn sie zugleich vom Staat anerkannt und geschützt sind. In Deutschland fällt die staatliche Feiertagsregelung in die Kompetenz der Bundesländer. Die drei zweiten Feiertage gelten in allen Bundesländern. Sie haben eine sehr lange Tradition und vertiefen das Glaubensereignis der Feste. An kirchlichen Feiertagen die Eucharistie mitzufeiern, sehe ich für Gläubige als selbstverständlich an.

HK

Taufpaten und Taufzeugen

Ist zur Übernahme der Patenschaft bei der Taufe durch einen Katholiken die Firmung als Bedingung vorgeschrieben? Wenn ja, könnte ein Nichtgetaufter als Taufzeuge zugelassen werden?

Das Kirchenrecht verlangt in Canon 874 § 1, 3 als Bedingung für einen Taufpaten: »Er muss katholisch und gefirmt sein sowie das heiligste Sakrament der Eucharistie bereits empfangen haben; auch muss er ein Leben führen, das dem Glauben und dem zu übernehmenden Dienst entspricht.« Diese Bestimmungen erscheinen sinnvoll, da es zu den Aufgaben der Taufpaten oder Taufpatinnen von Kindern und Jugendlichen gehört, den Eltern bei der christlichen Erziehung der Kinder zu helfen. Außerdem sind Taufe, Firmung und Eucharistie die Sakramente der Eingliederung in die Gemeinschaft der Kirche. Wer verspricht, mit dazu beizutragen, dass Menschen nicht nur auf dem Papier der Glaubensgemeinschaft angehören, sondern in diese hineinwachsen, sollte selbst im vollen Sinne in der Kirche leben.

Von einem Taufzeugen verlangt das Kirchenrecht, dass er getauft sein muss. Nichtkatholische Christen dürfen nur zusammen mit katholischen Paten als Taufzeugen zugelassen werden (vgl. can. 874 § 2). Ungetaufte dürfen also nicht Taufzeugen und schon gar nicht Taufpaten sein.

Als Gemeindepfarrer habe ich erlebt, dass es immer schwieriger wird, Taufpaten und Taufzeugen zu finden. Das Kirchenrecht geht von einem Ideal aus, das ich für richtig halte und erfüllen möchte, was sich aber schwer erreichen lässt. Viele Eltern finden in ihrem Bekannten- und Freundeskreis keine katholischen Christen, die die Bedingungen für das Patenamt erfüllen und denen sie ihre Kinder anvertrauen möchten. Dass Nichtchristen nicht Taufpaten sein dürfen, akzeptieren Eltern meistens. Dass gläubige evangelische Christen, die von Eltern und Pfarrern als Paten für geeignet

angesehen werden, vom Patenamt ausgeschlossen sind, verstehen Eltern oft nicht. Eine Lösung kann darin liegen, dass Eltern überhaupt keine Paten bestellen, was nach dem Kirchenrecht möglich erscheint. Die andere Lösung sieht häufig so aus, dass als Pate ein katholischer Christ nur namentlich genannt und als Taufzeuge ein evangelischer Christ gewählt wird, was formal dem Recht entsprechen mag. Die Eltern betrachten in diesem Fall meistens den evangelischen Christen als Taufpaten ihres Kindes.
Ich plädiere für eine pastorale Lösung oder für eine Änderung des Kirchenrechtes. Seelsorger wissen die konkrete Situation von Menschen am besten einzuschätzen. Da die Taufe das Grundsakrament ist, das alle Christen miteinander verbindet, kann ich gläubige Christen, auch wenn diese nicht katholisch sind, als Taufpaten akzeptieren.

HK

Von der Vollmacht zu segnen

Können Laien einen Segen spenden und speziell den Blasiussegen? Die zwei gekreuzten Kerzen verweisen ja auf die (byzantinische) Bischofswürde, woraus man schließen könnte, dass dieser Segen im Gedenken an den heiligen Blasius allein einem Bischof zusteht. Meiner Ansicht nach kann ein Laie den Segen Gottes erbitten, aber nie selbst spenden.

Die Vollmacht zu segnen, haben alle Getauften, nicht nur Bischöfe, Priester und Diakone.
Bestimmte Segensformen und Segnungen sind Amtsträgern der Kirche vorbehalten. Den Schlusssegen in der Eucharistiefeier zum Beispiel spricht der Priester. Den Blasiussegen erteilten früher ebenfalls nur Bischöfe und Priester, manchmal Diakone. Wegen des Priestermangels ist es auch Laien gestattet, den Blasiussegen zu

erteilen, wenn sie eine bischöfliche Beauftragung zur Gestaltung von Gottesdiensten besitzen. Die bekannte Segensformel, die Priester und Diakone nehmen, lautet: »Auf die Fürsprache des heiligen Blasius bewahre dich der Herr vor Halskrankheit und allem Bösen. Es segne dich Gott, der Vater und der Sohn und der Heilige Geist.« Eine andere Segensformel, die ich bevorzuge, heißt: »Der Herr schenke dir Gesundheit und Heil. Auf die Fürsprache des heiligen Blasius segne dich der allmächtige Gott, der Vater und der Sohn und der heilige Geist.« Priester und Diakone machen dabei eine Segensgebärde. Ein Laie, der den Blasiussegen ohne Segensgestus spendet, spricht: »Der allmächtige Gott schenke dir Gesundheit und Heil. Er segne dich auf die Fürsprache des heiligen Blasius durch Christus, unseren Herrn.« Die Gesegneten antworten jeweils mit »Amen«.

Der »Wert« des Blasiussegens bleibt gleich, ob ihn Priester, Diakone oder Laien spenden. Dass Priester mit zwei Kerzen, die sie in Form des Andreaskreuzes vor das Gesicht und an den Hals der zu Segnenden halten, diesen Segen sprechen, ist erst seit dem 17. Jahrhundert üblich. Die Wurzeln des Segens gehen auf die Legenden um den Märtyrerbischof Blasius († um 316) zurück, der etwa seit dem 6. Jahrhundert als Patron gegen Halsleiden verehrt wurde. Unter anderem erzählt die Legende von einer Frau, die dem Bischof Blasius zum Dank Kerzen in den Kerker schickte. Der heilige Blasius wurde im Spätmittelalter zu den Vierzehn Nothelfern gezählt, an seinem Gedenktag wurden ihm Kerzen »geopfert«. Die Deutung, dass die beiden gekreuzten Kerzen beim Blasiussegen auf die byzantinische Bischofswürde verweisen, ist mir nicht bekannt.

Letztlich segnen nicht Menschen, sondern Gott. Von ihm geht aller Segen aus, ihn bitten Priester und Laien um seinen Segen, ihm vertrauen Menschen auch ihr leibliches Wohlergehen an.

HK

Heilige verehren – Gott allein anbeten

In einem Interview anlässlich der Einführung eines neuen Bischofs der neuapostolischen Kirche äußerte sich dieser folgendermaßen: »Der Unterschied zum katholischen Glauben besteht u. a. darin, dass wir keine Heiligen anbeten.« Hier liegt doch offensichtlich ein Missverständnis vor, oder sehe ich das falsch?

Sie sehen es vollkommen richtig: Zum katholischen Glauben gehört die Anbetung der Heiligen nicht. Seit Jahrhunderten aber scheinen der Vorwurf und das Missverständnis unausrottbar, dass katholische Christen die Heiligen anbeten.

Grundsätzlich gilt, dass die ganze Gemeinde der Getauften ein heiliges, priesterliches Volk ist, das Gott sich zum Eigentum auserwählt hat und das Gottes große Taten verkündet und bezeugt (vgl. 1 Petr 2, 9). Die Geschichte der Heiligenverehrung beginnt mit der Verehrung der Märtyrer, die durch das Opfer ihres Lebens Zeugen Christi sind und an seinem Tod und seiner Auferstehung Anteil haben. Neben den Märtyrern wurden schon früh die Mutter Jesu und die von Jesus selbst zur Nachfolge auserwählten Apostel verehrt. Verehrt wurden die Bekenner, die in der Zeit der Verfolgung viel gelitten hatten. Nach den Christenverfolgungen waren es Bekenner, die durch ihr Leben ihren Glauben bezeugten, Bischöfe, Jungfrauen und Mönche. Dass die Geschichte der Heiligenverehrung weiter geschrieben wird, zeigen die zahlreichen Heiligsprechungen durch Papst Johannes Paul II. und die Hoffnung, dass die Zahl der nicht heiliggesprochen Heiligen weitaus höher ist.

Die Betonung liegt immer auf »Verehrung« der Heiligen: Die Kirche und die Gläubigen verehren die Heiligen und loben und preisen damit Gott, der die Heiligen mit seiner Gnade beschenkt hat.

Kritik an der Anrufung der Heiligen kam und kommt aus dem Verdacht, dass nicht Gott allein durch Jesus Christus den Menschen das Heil schenkt. Unsere Gebete richten sich letztlich immer an Gott.

Ihm vertrauen wir uns im Gebet an, ihm allein gebührt Anbetung. Der einzige Mittler und Erlöser ist Jesus Christus, von dem jede Gnade ausgeht und durch den die Menschen Heil erlangen. In diesem Zusammenhang steht im ersten Brief an Timotheus (2, 5f.): »Einer ist Gott, Einer auch Mittler zwischen Gott und den Menschen: der Mensch Christus Jesus, der sich als Lösegeld hingegeben hat für alle«.

Das Zweite Vatikanische Konzil schreibt in der Konstitution über die Kirche »Lumen gentium« (Art. 51): Echte Heiligenverehrung besteht »nicht so sehr in der Vielfalt äußerer Akte als vielmehr in der Stärke unserer tätigen Liebe …, durch die wir zum größeren Wohl für uns und die Kirche im Wandel das Beispiel, in der Gemeinschaft die Teilnahme, in der Fürbitte die Hilfe der Heiligen suchen.«

HK

Opfer-Kerzen

Hat das Abbrennen von Kerzen vor Heiligenfiguren (besonders Marienfiguren) einen besonderen Sinn? Ich sehe diese Gewohnheit oft in der Nähe eines gedankenlosen oder magischen Tuns. Wäre ein kurzes Gebet nicht wertvoller als die längste Kerze? Gäbe es nicht sinnvollere Opfer für eine gute Sache?

Es kann so sein: Manche Leute zünden vor Marienfiguren gedankenverloren Kerzen an; andere meinen, durch das Anzünden von Kerzen würden ihre Bitten und Wünsche erfüllt oder die Erfüllung ihnen sogar garantiert, was einem magischen Verständnis und Aberglauben gleichkommt. Ein Gebet für Menschen, eine konkrete Hilfe, ein Opfer oder eine Gabe für eine gute Sache wären oft sinnvoller. Aber eine brennende Kerze muss nicht im Gegensatz zu einer Tat der Nächstenliebe stehen.

Schon in vorchristlicher Zeit gab es die Sitte, im Zusammenhang mit Totenkulten Lichter anzuzünden, was später Christen an den Gräbern der Märtyrer taten und was bis heute vor allem um Allerheiligen und Allerseelen geschieht. In der alten Kirche, besonders in Rom, wurde die Osternacht durch Lichter erhellt. Die Osterkerze galt und gilt als Symbol des auferstandenen Herrn. Die Taufkerze drückt die Teilhabe der Getauften an Christus, dem Licht, aus, und an die Taufe wiederum erinnert die Kommunionkerze.

Das nächtliche Chorgebet in den Klöstern und die seit dem Mittelalter üblichen Altarkerzen trugen dazu bei, in den Kirchen Kerzen anzuzünden. In den orthodoxen Kirchen brennen vor den Ikonen Öllampen, und die Gläubigen tragen durch den Kauf von Kerzen zum Unterhalt ihrer Kirchen und Gemeinden bei.

Den Brauch, vor Heiligenfiguren, vor allem vor Marienstatuen, Kerzen anzuzünden, finde ich schön und sinnvoll; dazu benötige ich keine tiefe theologische Begründung. Manchmal sage ich nach einem Seelsorgsgespräch oder wenn ich jemandem eine Freude machen möchte: Ich zünde für Sie in der Kirche eine Kerze an. Damit verspreche ich: Ich denke an Sie und bete für Sie. Wie ein stummes Gebet brennt die Kerze vor der Statue der Mutter Jesu. Die Kerze ist für mich Zeichen einer Bitte an Gott und einer Bitte an Maria um ihre Fürsprache. Sie ist Zeichen des Gedenkens an Menschen und des Vertrauens auf Gott, der durch Jesus Christus unserem Leben und der Welt Licht schenkt.

HK

Kräuterweihe

Zum Fest Mariä Himmelfahrt gehört nach altem Brauch die so genannte Kräuterweihe. Was ist der Ursprung und der Sinn einer solchen Weihe? Als Kinder erlebten wir, dass beim Gewitter die im Haus aufbewahrten Kräuter in den brennenden Ofen geworfen wurden, um damit einen Blitzeinschlag abzuwehren.

Seit dem 10. Jahrhundert ist mit dem Fest der Aufnahme Mariens in den Himmel vor allem in ländlichen Gebieten die Segnung von Kräutern verbunden. Ursprünglich wollte man wohl heidnische Gesundheits- und Fruchtbarkeitsbräuche abwehren, indem man den Bräuchen eine neue Bedeutung und einen anderen Akzent gab. Die Segnung von Kräutern und von Getreide hängt auch mit der um diese Jahreszeit liegenden Hochblüte in der Natur und der Reife des Getreides zusammen. Ebenso beeinflussten die Bräuche auf Maria übertragene biblische Bilder. Maria wurde »Blume des Feldes und Lilie in den Tälern« (Hoheslied 2, 1) genannt und schon im 5. Jahrhundert als »guter heiliger Acker« bezeichnet, der eine göttliche Ernte brachte.

Neben verschiedenen Getreidearten wurden besonders Heilkräuter gesegnet wie Johanniskraut, Wermut, Beifuß, Schafgarbe, Tausendgüldenkraut, Eisenkraut, Kamille, Thymian, Baldrian und Odermennig. Die Kräuter sollten Menschen und Tiere schützen und wurden in den Häusern und Ställen an den Wänden angebracht. Und die Heilkräuter und der aus ihnen zubereitete Tee dienten als Medizin. Die Kräuter im brennenden Ofen zum Schutz vor Blitzeinschlag haben Sie bereits erwähnt.

Oft kommen solche Bräuche in den Verdacht von Aberglauben. Natürlich erhöht der Segen nicht die medizinische Wirkung der Heilkräuter, er erinnert aber daran, dass Menschen nicht alles selbst vermögen, sondern angewiesen sind auf Gnade, auf Schutz, eben auf Gott und das Heil, das er schenkt.

Maria als ein Bild der erlösten Menschen ist ein Zeichen der Hoffnung für das Heilwerden der Menschen und der Schöpfung. Die brennenden Kräuter ersetzen nicht den Blitzableiter, aber Gott zu vertrauen und ihn um seinen Segen und Schutz zu bitten, ist kein Aberglaube. Im »Benediktionale«, dem Buch der kirchlichen Segnungen, lautet das Gebet für die Weihe der Kräuter: »Herr unser Gott, du hast Maria über alle Geschöpfe erhoben und sie in den Himmel aufgenommen. An ihrem Fest danken wir dir für alle Wunder deiner Schöpfung. Durch die Heilkräuter und Blumen schenkst du uns Gesundheit und Freude. Segne diese Kräuter und Blumen. Sie erinnern uns an deine Herrlichkeit und an den Reichtum deines Lebens. Schenke uns auf die Fürsprache Mariens dein Heil. Lass uns zur ewigen Gemeinschaft mit dir gelangen und dereinst einstimmen in das Lob der ganzen Schöpfung, die dich preist durch deinen Sohn Jesus Christus in alle Ewigkeit.«

HK

Vom Hahn auf dem Turm

Ich habe früher am Niederrhein gelebt. Dort ist es üblich, dass man eine katholische Kirche am Hahn als Turmfigur erkennen kann, evangelische Kirchen haben ein Kreuz. Katholische Kirchen mit doppeltem Turm haben beides, aber eine evangelische hat eben nie einen Hahn. Das hat man mich auch in der Schule so gelehrt. In Baden scheint es genau andersherum zu sein. Woran liegt das?

Lange bevor sich die westliche Christenheit im 16. Jahrhundert in Konfessionen aufspaltete, schmückte man Kirchtürme mit einem Hahn. Das älteste schriftliche Zeugnis berichtet, Bischof Rampertus von Brescia habe im Jahr 820 einen Hahn aus Bronze gießen und auf dem Turm der Kirche San Faustino Maggiore anbringen lassen.

Vor allem in der Zeit der Gotik waren Hähne auf den Dächern der Kirchen weit verbreitet. Als die konfessionelle Aufgliederung unseres Landes Jahrhunderte später weitgehend abgeschlossen war, verblieben die altehrwürdigen Kirchen mitsamt den Hähnen meist im Gebrauch der bevölkerungsstärkeren Konfession. Um der Unterscheidung willen verzichteten die anderen bei Kirchenneubauten auf dieses Zeichen. So kommen regionale Unterschiede zustande, wie Sie es beschreiben. Zur generellen Unterscheidung, ob eine Kirche katholisch oder evangelisch ist, eignen sich die Kirchturmhähne aber nicht.

Was aber hat es mit dem Kirchturmhahn auf sich? Bereits in der Antike wurde der Hahn als Symbol dem Sonnengott Helios wie auch der Mondgöttin Selene zugeordnet. Sein Krähen kündigt den aus der Nacht geborenen neuen Tag an. Statt das heidnische Zeichen zu bekämpfen, wurde es klugerweise von der christlichen Kirche in die eigene Symbolik aufgenommen und umgedeutet. Der Hahn schmückt nun das Kreuz und wird damit zum Zeichen der Auferstehung und des Sieges Christi über die dunkle Macht des Todes. Jesus Christus weckt uns auf, damit wir wachsam und fürsorglich im neuen Licht des Glaubens leben.

Daneben erinnert der Hahn an Petrus, der seinen Herrn in der Nacht der Gefangennahme verraten hat: »und Petrus erinnerte sich an das, was Jesus gesagt hatte: Ehe der Hahn kräht, wirst du mich dreimal verleugnen. Und er ging hinaus und weinte bitterlich« (Mt 26, 75); so mahnt er die ständige Bereitschaft zu Reue und Umkehr an und bestärkt darin, auf die vergebende Liebe Jesu zu vertrauen. Der heilige Bischof Ambrosius (geb. 339 in Trier, gest. 397 in Mailand) hat die reiche Symbolik, die Christen mit dem Hahn verbinden, in einen »Hymnus beim Hahnenschrei« aufgenommen, der noch heute bei der Feier des Stundengebetes am Sonntagmorgen gesungen wird. Darin heißt es: »So stehet rasch vom Schlafe auf: Der Hahn weckt jeden, der noch träumt. Der Hahn bedrängt, die säumig sind, der Hahn klagt die Verleugner an. – Herr, wenn wir fallen, sieh uns an und heile uns durch deinen Blick. Dein Blick löscht Fehl und Sünde aus, in Tränen löst sich unsre Schuld.«

Dass der Hahn auf dem Dach auch als »Wetterhahn« dient, der die Windrichtung anzeigt, hat in erster Linie praktische Gründe. Dadurch, dass er sich mit dem Wind drehen und ihm nachgeben kann, ist er – auch in großer Höhe – weniger anfällig für Sturmschäden.

GB

Papst und Ablass

Zu Weihnachten und Ostern wird im Fernsehen der Segen des Papstes »Urbi et Orbi« übertragen. Dabei wird auch auf den zu gewinnenden Ablass hingewiesen. Was bedeutet eigentlich »vollkommener Ablass«? Welche Bedingungen müssen dazu erfüllt werden?

Nach dem Codex Iuris Canonici (CIC), dem Gesetzbuch der katholischen Kirche, ist der Ablass »der Nachlass zeitlicher Strafe vor Gott für Sünden, deren Schuld schon getilgt ist« (can. 992). In der Bibel gibt es keine direkten Anhaltspunkte für ihn. Gleichwohl kann er auf biblische Aussagen zurückgeführt werden, etwa von der Notwendigkeit von Umkehr und Buße oder von der Kirche als solidarischer Gemeinschaft. Der Ablass in seiner heutigen Form ist im elften Jahrhundert entstanden. Seine Wurzeln reichen weiter zurück. In der alten Kirche wurden die zeitlichen Sündenstrafen durch eine zeitlich begrenzte Kirchenstrafe »abgebüßt«. Daher rührt die alte Rede von einem Ablass von zum Beispiel 100 oder 500 Tagen. Im späten Mittelalter wurde der Ablass als Geldeinnahmequelle missbraucht. Das Konzil von Trient hat diese Missstände, die mit ein Anlass für die Reformation waren, abgestellt. Bis in die Gegenwart sind die Lehre und die Praxis des Ablasses manchen Christen nur schwer verständlich.

Papst Paul VI. hat 1967 das Ablasswesen neu geordnet. Theologisch leitend beim Ablass ist die Überzeugung, dass die Tilgung einer Schuld vor Gott nicht deren Straffolgen verschwinden lässt. Die zeitlichen Sündenstrafen dürfen nicht als von Gott oder der Kirche verhängte Sanktionen verstanden werden, sondern als Leid schaffende Folgen der Sünden. Um das an einem Beispiel zu erläutern: Durch eine Lüge wird das Vertrauensverhältnis zwischen zwei Menschen beeinträchtigt oder gar zerstört. Daran ändert der Nachlass der Schuld in der Beichte nichts. Vielmehr müssen die leidvollen Folgen vom Sünder selbst mit Gottes Hilfe ertragen und, so weit möglich, bearbeitet werden. Der Ablass kann aufgefasst werden als ein fürbittendes Gebet, das dem Sünder hilft, Folgen der Sünde zu überwinden. Die Kirche tritt für den Sünder ein und teilt ihm den Nachlass der Sündenstrafen zu.

Die kirchliche Lehre unterscheidet zwischen vollkommenen und Teilablässen, je nachdem, ob sie von zeitlichen Sündenstrafen ganz oder teilweise befreien. Die Zeitangaben bei Teilablässen, die von den Kirchenstrafen herrühren, wurden abgeschafft. Für die Gewinnung eines vollkommenen Ablasses ist die Erfüllung von drei Bedingungen erforderlich: Beichte, Kommunion und Gebet nach der Meinung des Heiligen Vaters. Das kann ein »Vater unser«, ein »Gegrüßet seist du, Maria« oder ein anderes Gebet sein. Der Empfänger muss getauft und darf nicht exkommuniziert sein. Ein vollkommener Ablass setzt außerdem eine vollkommene Disposition (innere Bereitschaft) voraus, wie sie nicht immer gegeben sein mag, am ehesten vielleicht in der Sterbestunde. Hier hat der Sterbeablass seinen Ort. Ist die Disposition nicht vollständig, wird ein Teilablass erworben. Man kann Ablässe für sich selbst gewinnen oder Verstorbenen zuwenden. Wenn der Mensch über den Tod hinaus der bleibt, der er ist, dann leidet er auch nach dem Tod unter den Folgen seiner Sünden. Von diesem Gedanken aus kann man sich der Vorstellung vom Fegefeuer nähern.

Mit dem päpstlichen Segen »Urbi et Orbi« ist ein vollkommener Ablass verbunden. Den Ablass erlangen können nicht nur die auf dem Petersplatz anwesenden Gläubigen, sondern auch die, die durch Radio oder Fernsehen dabei sind.

AK

Bestattung im Friedwald

Warum hat die Kirche Bedenken gegen Bestattungen im so genannten »Friedwald«?

In den letzten Jahren hat sich die Bestattungskultur erheblich verändert. Einige Bundesländer haben den bislang geltenden Friedhofs- und Sargzwang gesetzlich aufgehoben, so dass unter den alternativen Bestattungsformen auch die Urnenbeisetzung im Wald möglich ist. Beim so genannten »Friedwald« handelt es sich um ein naturbelassenes, offenes Waldstück, in dem die Asche Verstorbener in einer verwitterungsfähigen Urne in den Wurzelbereich eines Baumes vergraben wird. Beisetzungen im Sarg sind aus wasserschutzrechtlichen Gründen dort nicht gestattet. Der Baum nimmt die Asche als Nährstoff auf und wird damit – Grab und Grabmal zugleich – Sinnbild für das Fortbestehen über den Tod hinaus. Die Natur übernimmt die Grabpflege. Eine nummerierte Plakette und ein Lageplan sichern den Standort des Waldgrabes. Zusätzlich können auf einem kleinen Schild Name und Lebensdaten des Verstorbenen sowie ein christliches Symbol verzeichnet werden.
Die Motive, aus denen Menschen eine Urnenbeisetzung im Wald wünschen, sind vielfältig: man möchte in einem schönen Teil der Natur seine letzte Ruhe finden; man hat weltanschauliche oder religiöse, nicht selten aber auch ganz praktische Gründe, etwa die damit entfallende Grabpflege oder finanzielle Erwägungen. Schon

zu Lebzeiten kann ein Baum ausgesucht oder gepflanzt werden, der für 99 Jahre gepachtet wird. Ein »Familien- oder Freundschaftsbaum« bietet Platz für etwa zehn Urnen.

Die katholische Kirche hat grundlegende Vorbehalte gegen diese neue Bestattungsform, weil die Friedwald-Konzeption ursprünglich auf einer naturreligiösen Weltanschauung beruht. Die Asche des Verstorbenen geht ein in den Kreislauf der Natur. Diese Anschauung kann aber einen Widerspruch zum christlichen Auferstehungsglauben provozieren: Wir Christen sind überzeugt, dass unser Leben nicht im Kreislauf von Werden und Vergehen aufgeht. Vielmehr werden wir am Ende unseres Lebens als unverwechselbare Personen von Gott auferweckt. Der »Lebensbaum« der Christen ist darum kein noch so schöner Baum in der Natur, sondern das Kreuz unseres Herrn, das über den Gräbern aufgerichtet wird und den Tod im Licht der Auferstehung deutet. Deshalb bemängelt die katholische Kirche bei der Bestattung im Friedwald auch das Fehlen eines christlich-religiösen Brauchtums am Grab. Kreuz, Licht, Weihwasserschale und Blumen sind nämlich nicht zulässig. Eine Erinnerungskultur, wie sie zum kirchlichen Totengedenken gehört, wird stark zurückgedrängt, und ähnlich wie in anderen gesellschaftlichen Bereichen wächst die Tendenz zur Individualisierung und Anonymisierung des Todes.

Wählen Menschen die Bestattung im Friedwald aus Gründen, die der christlichen Glaubenslehre widersprechen, so ist ein kirchliches Begräbnis nicht möglich. Weil die Beweggründe aber verschieden sein können, erfordert der kirchliche Umgang mit der Friedwaldbestattung ein kluges seelsorgliches Handeln. Unter bestimmten Voraussetzungen ist eine kirchliche Mitwirkung ähnlich wie bei Urnenbestattungen auf dem Friedhof möglich. Dazu hat der Pfarrer die entsprechenden diözesanen Richtlinien zu beachten.

GB

Leben und Handeln nach dem Evangelium

Evangelium und Gesetz

Viele Christen haben den Eindruck, dass die offizielle Kirche das Evangelium als Gesetzbuch sittlicher Vorschriften missversteht; die Botschaft Jesu, gerade auch die Bergpredigt, ziele doch auf eine ganz andere Haltung ab. Müsste also nicht die Kirche mehr Barmherzigkeit üben, als ihre Prinzipien zu verteidigen?

Der Ansicht, dass die offizielle Kirche das Evangelium als Gesetzbuch sittlicher Vorschriften missversteht, kann ich nicht zustimmen. Wohl kann ein solcher Eindruck durch Predigten entstehen, in denen es hauptsächlich um Moralisieren, nicht um die Frohe Botschaft geht. Zudem werden kirchliche Äußerungen oft missverstanden; oft ist das ein Sprachproblem.
Wer ist mit »offizieller« Kirche gemeint? Der Papst? Der Papst als hervorragender Theologe macht aus dem Evangelium ganz sicher kein Gesetzbuch sittlicher Vorschriften, was sein erstes Rundschreiben »Gott ist die Liebe« sehr klar zeigt.
Dass sich aus dem Geschenk des Glaubens auch Konsequenzen für das Verhalten der Gläubigen ergeben, bezweifelt wohl niemand. Vor dem Handeln der Menschen aber steht das Handeln Gottes. Sehr schön finde ich das im ersten Johannesbrief (4, 10–11) ausgedrückt: »Nicht darin besteht die Liebe, dass wir Gott geliebt haben, sondern dass er uns geliebt und seinen Sohn als Sühne für unsere Sünden gesandt hat. Liebe Brüder, wenn Gott uns so geliebt hat, müssen auch wir einander lieben.«
Die Reihenfolge ist wichtig: Gott hat uns zuerst geliebt. Daraus folgt das Doppelgebot der Gottes- und Nächstenliebe, dem selbstverständlich auch das Handeln der Kirche verpflichtet ist. Im Evangelium heißt es, Jesus habe Mitleid mit den Menschen, die hungern und die keine Hirten haben, die ihnen den Weg zeigen.
Menschen barmherzig den Weg zu zeigen, gehört ebenso zum Auftrag der Kirche. Dabei entsteht oft der Eindruck, als gehe es der

Kirche mehr um Prinzipien als um Barmherzigkeit. Am Prinzip der Unauflöslichkeit der Ehe zum Beispiel wird die Kirche immer festhalten, der Umgang mit Menschen, deren Ehe gescheitert ist, berührt die Seelsorge und Seelsorger, die sich an die kirchliche Ordnung zu halten haben und die Barmherzigkeit und die Liebe Gottes zu den Menschen sichtbar machen wollen und sollen, was nicht immer einfach ist. Das Kirchenrecht steht jedenfalls nicht über dem Evangelium, aber die Kirche braucht eine Ordnung, und Prinzipien brauchen eine Begründung. In der Bergpredigt geht es nicht nur um die Gesinnung und das Herz, sondern ebenso um konkretes Verhalten. Allem Verhalten der Glaubenden gehen die Gnade Gottes und seine Liebe voraus, die er »gratis« schenkt.

HK

Lass die Wurzel unseres Handelns Liebe sein

Wie kann man sich einem Bedürftigen frei und in Liebe zuwenden, wenn die Unterlassung (vgl. die Gerichtsreden Jesu) mit ewiger Verdammnis bedroht wird? Geschieht die soziale Tat dann nicht in panischer Angst vor der Hölle statt in Freiheit?

Das Gute um des Guten willen zu tun, ist sicher wertvoller, als es nur deshalb zu tun, weil bestraft wird, es zu unterlassen. Liebe zum Nächsten, weil dieser Kind Gottes, von Gott geliebt, Bruder oder Schwester Jesu ist, Liebe zum Nächsten als Antwort auf die zuerst und zuvor geschenkte Liebe Gottes – das alles zeigt ein vollkommeneres Verhalten als Nächstenliebe aus Angst vor Gott, der den bestraft, der seinem Nächsten die Liebe verweigert.
Es gibt Menschen, die frei, ohne Angst vor Strafe und ohne auf eine Belohnung zu schielen, selbstlos lieben und geben. Eltern zum Beispiel bringen oft große Opfer für ihre Kinder; Menschen, die

einander sehr lieben, schenken ohne Hintergedanken. Solche vollkommene Liebe gibt es, meistens aber ist menschliche Liebe »vermischt« mit Egoismus, Erwartungen an den Geliebten, Hoffnung auf Belohnung oder sogar Angst vor Bestrafung. Und nicht immer sehen Menschen Gott als den Strafenden, was Psychologen belegen. Letztlich geht es in der Frage um die Motive unseres Handelns, und diese sind in vielen Lebenssituationen schillernd. Menschen verhalten sich berechnend, sie wägen Vor- und Nachteile ihres Tuns ab. Die Straßenverkehrsvorschriften zum Beispiel halte ich nicht immer deshalb ein, weil sie vernünftig sind, vor Unfällen schützen, ja sogar etwas mit Nächstenliebe zu tun haben können, sondern weil die Übertretung mich teuer zu stehen kommen kann.

Die Bibel und die Botschaft Jesu kennen Lohn oder Strafe als Folge des Verhaltens. Selbst das Glas Wasser, das dem Durstigen gereicht wird, bleibt nicht unbelohnt.

Die Seligpreisungen versprechen Gottes Liebe, die Gerichtsrede erinnert an die Folgen von barmherzigem und unbarmherzigem Verhalten. Darstellungen vom Letzten Gericht und Höllenpredigten früherer Zeiten versetzten Menschen in Schrecken und sollten sie zur Umkehr bewegen. Etwas Druck, das Gute zu tun, schadet nicht, aber Angst halte ich in jedem Fall für ein schlechtes Motiv des Verhaltens und für einen schlechten Ratgeber. Angst macht zudem krank. Wir sollten uns selbst nichts vorgaukeln und Gott nichts vormachen wollen, der uns besser kennt, als wir uns selbst kennen. Unsere Liebe ist in der Regel nicht vollkommen. In den Gerichtsreden Jesu sehe ich nicht die Absicht, die Unterlassung der Liebe mit ewiger Verdammnis zu bedrohen. Sie zeigen Möglichkeiten, sich barmherzig zu verhalten und in Freiheit das Leben zu wählen.

HK

Was Säkularisierung meint

Was bedeutet der Begriff »Säkularisierung«?

Mit »Säkularisierung« oder »Säkularisation« – beide Begriffe werden zumeist gleichbedeutend gebraucht – bezeichnet man zunächst beschreibend den Übergang kirchlichen Besitzes bzw. kirchlicher Herrschaftsrechte in weltliche Hände. In einem weiteren Sinn meint man damit – und nun stärker negativ wertend – den Schwund kirchlichen Einflusses. Eine säkularisierte Gesellschaft ist, so verstanden, eine verweltlichte Gesellschaft.

Der dritte hier zu nennende, wenn auch nicht mehr so häufig gebrauchte Begriff heißt »Säkularismus«. Er bedeutet den Kampf gegen den Einfluss der Kirche. In London wurde in der Mitte des 19. Jahrhunderts in diesem Sinne eine »Secular Society« ins Leben gerufen. Theologie und Kirche formulieren mit allen drei Begriffen zumeist eine Problemanzeige, eine Herausforderung, auf die es zu reagieren gilt. Das Zweite Vatikanische Konzil hat interessanterweise nicht nur negativ auf diese Herausforderung reagiert, wenn es in seiner Pastoralkonstitution »Gaudium et spes« von einer »Autonomie der irdischen Wirklichkeiten« spricht.

Für die Beantwortung Ihrer Frage kann die Etymologie (die Wortherkunft) hilfreich sein. Saeculum ist lateinisch und bedeutet das Zeitalter, aber auch das Jahrhundert. Säkularisierung kann von dieser Wortherkunft her verstanden werden als Übergang vom Ewigen zum Zeitlichen.

Historisch meint Säkularisation oder Säkularisierung vor allem die Wegnahme kirchlichen Besitzes oder kirchlicher Herrschaft – und zwar gegen den Willen der Kirche. Das gab es immer wieder. Für unseren Raum ist besonders die Säkularisation von 1803 bedeutsam. Die katholische Kirche in Deutschland verlor dabei weite Teile ihres Besitzes und ihrer weltlichen Macht. Den Auftakt dazu bildete die Französische Revolution von 1789. In ihrer Folge wurde

Kirchengut zu Nationaleigentum erklärt. Viele Orden und andere kirchliche Strukturen wurden aufgehoben. Durch die Säkularisation in Deutschland sollten die weltlichen Fürsten für linksrheinische Gebiete, die im Krieg an Frankreich gefallen waren, eine Entschädigung erhalten. Im Gegenzug dazu verpflichtete sich der Staat – wie zuvor in Frankreich –, finanzielle Leistungen an die Kirche, vor allem für Personal, zu erbringen. Noch heute resultieren daraus kirchliche Ansprüche. Mit der Säkularisation verlor die Kirche auf der einen Seite ihre wirtschaftliche und organisatorische Basis. Auf der anderen Seite wurden neue religiöse Kräfte freigesetzt. Säkularisation ist schließlich auch ein kirchenrechtlicher Begriff. Er bezeichnet das Ausscheiden eines Ordensmitgliedes aus dem Orden, gleichsam die Rückkehr in die Welt.

AK

Konsequenzen aus der »Sinus-Studie«

Die so genannte »Sinus-Studie« belegt, was wir in unseren Gemeinden mehr oder weniger deutlich spüren: Die Kirche und der christliche Glaube sind in immer geringeren Teilen unserer Gesellschaft verwurzelt. Wie sollen wir darauf reagieren?

Seit Jahrzehnten betreibt das Heidelberger Marktforschungsinstitut Sinus Sociovision sozialwissenschaftliche Untersuchungen. Aktuell unterscheidet es in der deutschsprachigen Bevölkerung zehn soziale »Milieus«, die sich durch jeweils ähnliche Lebensstile und verwandte Lebensauffassungen der Menschen unterscheiden. Im Jahr 2005 wurde erstmals die religiöse und kirchliche Orientierung dieser Milieus erforscht. Für die katholische Kirche sind die Ergebnisse ernüchternd, wenn auch nicht völlig überraschend. Danach ist die Kirche offenbar nur noch in drei Milieus (»Bürgerliche Mitte«,

»Traditionsverwurzelte«, »Konservative«) verankert, die rund 35 % der Bevölkerung ausmachen, und das nicht einmal langfristig stabil. In allen anderen Milieus stößt sie dagegen weitgehend auf Desinteresse oder gar Ablehnung. Was hier mit Umfragewerten belegt wird, spüren wir seit langem als tief greifenden Wandlungsprozess. Unsere Gesellschaft differenziert sich immer mehr aus. Und die Kirchenbindung der Menschen schwindet, weil auch die katholische Religionspraxis nicht mehr Teil einer vorgegebenen Lebensführung ist, sondern eine persönliche Entscheidung voraussetzt. Als »Kirche der Selbstverständlichkeit« geht die Volkskirche früherer Zeiten definitiv zu Ende, so formuliert es der Pastoraltheologe Rainer Bucher (Graz), und: »Die Kirche ist auf den (religiösen) Markt geraten.«

Was tun in dieser Situation? Herunterspielen ist keine Lösung, ebenso wenig wie der Versuchung zu erliegen, uns als Kirche in eine Nische der Gesellschaft zurückzuziehen und mit denen zu begnügen, die von selbst in unsere Gemeinden kommen. Umgekehrt wären wir auch nicht gut beraten, wenn wir uns unter allen Umständen anzupassen versuchen und sozusagen ein »Christentum light« anbieten.

Die Kirche ist nicht für sich selber da. Sie hat die Botschaft vom Reich Gottes zu verkündigen, das in Jesus Christus angebrochen ist. Darum bleibt die Verpflichtung auch in unseren Tagen bestehen, eine Kirche des Volkes zu sein, denn Gott will, »dass alle Menschen gerettet werden und zur Erkenntnis der Wahrheit gelangen« (1 Tim 2, 4). Mit weniger dürfen wir uns nicht zufrieden geben.

Der eigenen Botschaft treu zu bleiben und die Welt, in der wir leben, als Aufgabe anzusehen, darum wird es gehen. Das stellt eine große geistliche Herausforderung dar, denn es heißt auch zu akzeptieren, dass die Vergangenheit nicht wiederkommt (und das ist mit schmerzvollen Abschieden verbunden). Dann gilt es, die Aufgaben auszumachen, die sich der Kirche heute stellen, und gemeinsam nach dem zu suchen, »was das Evangelium für jene bedeuten könnte, die meinen, dass es für sie nichts bedeutet« (Rainer Bucher). Denn die, die mit der Kirche nichts anzufangen wissen, stehen ja nicht jenseits des Evangeliums. Und die, die es kennen und danach zu leben versuchen, fordert es immer neu heraus. Wenn es gelingt, die vielen Menschen, die sich in den Pfarreien, bei der Caritas, in Bildungseinrichtungen und Beratungsdiensten engagieren, zusammenzuführen, damit sie ihre Kraft in den Dienst der Verkündigung des Evangeliums stellen, dann muss uns um die Zukunft des Glaubens nicht bang sein.

GB

Kirche als Dienstleistungsinstitution

Ist die Kirche eine Dienstleistungsinstitution – und mit welchem Programm?

Um Ihre Frage zu beantworten, muss man zunächst klären, wer oder was Kirche ist. Kirche, das sind alle Christen. Alle Christen haben durch Taufe und Firmung Anteil an dem prophetischen, priesterlichen und königlichen Amt Jesu Christi. So hat es das Zweite Vatikanische Konzil einmal klassisch ausgedrückt. Der Laie unterscheidet sich vom Kleriker dadurch, dass er keine amtliche Sendung besitzt, von den Ordensleuten unterscheidet den Laien, dass er in der Welt lebt. Interessant für die Beantwortung Ihrer Frage ist nun, was das Konzil zur Aufgabe der Laien schreibt: »Sie lebe n in der Welt, d.h. in all den einzelnen irdischen Aufgaben und Werken und den normalen Verhältnissen des Familien- und Gesellschaftlebens, aus denen ihre Existenz gleichsam zusammengewoben ist. Dort sind sie von Gott gerufen, ihre eigentümliche Aufgabe, vom Geist des Evangeliums geleitet, auszuüben und so wie ein Sauerteig zur Heiligung der Welt gewissermaßen von innen her beizutragen und vor allem durch das Zeugnis ihres Lebens, im Glanz von Glaube, Hoffnung und Liebe Christus den anderen kund zu machen. Ihre Aufgabe ist es also in besonderer Weise, alle zeitlichen Dinge, mit denen sie eng verbunden sind, so zu durchleuchten und zu ordnen, dass sie immer Christus entsprechend geschehen und sich entwickeln und zum Lob des Schöpfers und Erlösers gereichen« (Kirchenkonstitution »Lumen gentium«, Art. 31). Wenn Sie wollen, können Sie diesen Konzilstext in einem übertragenen Sinn als das Dienstleistungsprogramm der Laien in der Kirche lesen. Um die biblische Redeweise des Konzils aufzugreifen: Sie sollen »Sauerteig« zur Heiligung der Welt sein. Wenn das kein Dienst an der Welt ist!

Liest man in demselben Konzilsdokument weiter, erfährt man auch etwas über die spezifischen Aufgaben der geweihten Amtsträger, der Diakone, Priester und Bischöfe. Sie erbringen, wenn man es so formulieren will, eine besondere Dienstleitung: die Vermittlung des Wortes Gottes und die Spendung der Sakramente. Diese Dienstleistung wird sogar als eine Pflicht gegenüber allen Christen formuliert: »Die Laien haben wie alle Christgläubigen das Recht, aus den geistlichen Gütern der Kirche, vor allem die Hilfe des Wortes Gottes und der Sakramente, von den geweihten Hirten reichlich zu empfangen« (Kirchenkonstitution »Lumen gentium«, Art. 37). Das heißt, alle Christen haben ein Recht auf die Verkündigung und auf die Sakramente. Insofern finde ich Ihre Analogie mit der Dienstleistungsinstitution gar nicht so unpassend, wie sie vielleicht auf den ersten Blick scheinen mag.

AK

Kirchliche Sexualmoral

Ist die kirchlich vertretene und gebotene Sexualmoral (die zu einem lautlosen Massen-Exodus von Katholiken geführt hat und führt) biblisch begründet oder von einem Konsens der Ortsbischöfe getragen? Ist eine solche Lehre wirklich nicht revidierbar?

Ihre Frage berührt das grundsätzliche Verhältnis von Moral auf der einen Seite und Glauben – und damit der Glaubensurkunde, der Bibel – auf der anderen Seite. Nach dem im November 2005 verstorbenen Tübinger Moraltheologen Alfons Auer übt der Glaube einen dreifachen Effekt auf die Moral aus: einen integrierenden, einen stimulierenden und einen kritisierenden. »Integrierend« meint, dass, historisch betrachtet, in der Umwelt des Judentums und des Christentums vorhandene moralische Normen in den Glauben und damit auch in die Bibel aufgenommen wurden. »Stimulierend« bedeutet, dass der Glaube die Moral bei diesem Prozess anregt, vorantreibt. »Kritisierend« will sagen, dass vom jüdisch-christlichen Menschenbild her nicht alle vorgefundenen Normen in den Glauben integriert wurden. Auf die Sexualmoral bezogen bedeutet dies, dass in einem langen Prozess Handlungsregeln in das Judentum und das Christentum übernommen wurden.

Ob menschliches Leben glückt, das hängt nicht zuletzt von einer gelungenen Integration der Geschlechtlichkeit ab. Denn das Mann- oder Frausein ist nicht eine beliebige Eigenschaft neben anderen, sondern es ist für den konkreten Menschen von fundamentaler Wichtigkeit.

Obwohl als eine Folge der Ursünde sich dann Schamgefühl einstellt, spricht das Alte Testament sehr offen über Sexualität und sieht etwa in der Liebe zwischen Mann und Frau ein Abbild der Beziehung zwischen Gott und Mensch. Allerdings finden sich neben der hier ausgesagten positiven Bewertung der Sexualität auch andere Akzente. So kommt in den Reinheitsgesetzen eine überwiegend negative Einschätzung zum Ausdruck. Die Abwehr der Kulte von Geschlechtsgottheiten mag dabei einen gewissen Einfluss gehabt haben.

Das Neue Testament lehnt die kultischen Reinheitsgesetze des Alten Testaments ab. Was den Menschen unrein macht, ist nicht äußeres Verhalten, sondern kommt aus seinem Herzen. Auch Paulus zeigt trotz des Rates zur Ehelosigkeit eine angstfreie, positive Einstellung zur Sexualität.

Im Mittelpunkt der gegenwärtigen christlichen Sexualmoral steht die Hochschätzung von Ehe und Familie. Die dauerhafte Bezogenheit von Mann und Frau und die Hinordnung der Ehe auf Kinder sind dabei Eckpunkte. Davon abweichende Verwirklichungen der Sexualität werden unterschiedlich stark abgelehnt. Auf Einzelfragen einzugehen, ist hier nicht möglich.

Kirchliche Moral, auch Sexualmoral, ist keineswegs unveränderlich. Vieles hat sich im Laufe der Zeit entwickelt und gewandelt. Sicher gibt es Punkte, die von einigen als reformbedürftig angesehen werden. Ob die Sexualmoral aber für einen massenhaften Auszug aus der Kirche verantwortlich ist, kann ich nicht beurteilen. Was die Bischöfe anbelangt, gehe ich von einer breiten Übereinstimmung in den allermeisten Fragen aus. Da und dort treten allerdings auch unter den Bischöfen Meinungsverschiedenheiten auf. Ohne diese könnte sich die Morallehre gar nicht weiter entwickeln.

AK

Vor vierzig Jahren: Humanae vitae

Wie verbindlich sind für katholische Christen die Aussagen der Enzyklika »Humanae vitae«?

Die Pastoralkonstitution »Gaudium et spes« des Zweiten Vatikanischen Konzils hat festgestellt, dass die Eheleute das Recht und die Pflicht haben, über die Zahl der Kinder und die Abstände zwischen den Geburten zu entscheiden. In der theologischen Diskussion wird das auf den Begriff »verantwortete Elternschaft« gebracht. Die Kirchenversammlung hat aber ebenso erklärt, es sei »nicht erlaubt, in der Geburtenregelung Wege zu beschreiten, die das Lehramt in Auslegung des göttlichen Gesetzes verwirft« (Gaudium et spes, Art. 51). Zur Methodenfrage selbst hat das Konzil sich nicht geäußert. Diese hat Papst Johannes XXIII. 1963 einer eigenen Expertenkommission zum Studium übergeben. Nach deren Anhören sollte später eine päpstliche Stellungnahme erfolgen. Das geschah dann durch Papst Paul VI. 1968 in der Enzyklika »Humanae vitae«. Hier wird, wie bereits in der Enzyklika »Casti connubii« von Pius XI. aus dem Jahre 1930 die künstliche Empfängnisverhütung verboten. In seinem Apostolischen Schreiben »Familiaris consortio« hat Papst Johannes Paul II. 1981 die Lehre von »Humanae vitae« ausdrücklich bestätigt. Und in einer Ansprache an die Teilnehmer des Internationalen Kongresses für Moraltheologie anlässlich des zwanzigsten Jahrestages der Veröffentlichung von »Humane vitae« hat er 1988 erklärt: »Wenn Paul VI. den empfängnisverhütenden Akt als von seinem Wesen her unerlaubt bezeichnet hat, wollte er lehren, dass die sittliche Norm hier keine Ausnahmen kennt; kein persönlicher oder sozialer Umstand hat je vermocht und wird auch nie vermögen, einen solchen Akt zu einem in sich selbst geordneten zu machen« (Nr. 5). Diese Lehre dürfe von einem katholischen Theologen nicht in Zweifel gezogen werden.

»Humanae vitae« ist also eine mit großem Nachdruck vorgetragene verbindliche, wenn auch nicht unfehlbare Lehraussage der katholischen Kirche. Auf der anderen Seite gilt nach wie vor das, was die deutschen Bischöfe 1968 in ihrem Wort zur seelsorglichen Lage nach dem Erscheinen der Enzyklika »Humanae vitae«, der so genannten Königsteiner Erklärung gesagt haben: »Wer glaubt, in seiner privaten Theorie und Praxis von einer nicht unfehlbaren Lehre des kirchlichen Amtes abweichen zu dürfen – ein solcher Fall ist grundsätzlich denkbar – muss sich nüchtern und selbstkritisch in seinem Gewissen fragen, ob er dies vor Gott verantworten kann« (Nr. 3). Die deutschen Bischöfe verweisen hier auf die Möglichkeit einer abweichenden Gewissensentscheidung.

Im Unterschied zur katholischen und zur orthodoxen Kirche misst die evangelische Kirche der Frage nach der Erlaubtheit empfängnisverhütender Methoden keine entscheidende Bedeutung bei. Verantwortete Elternschaft bezieht sich nach Auffassung der meisten evangelischen Theologen nicht nur auf die vor Gott zu verantwortende Bestimmung der Kinderzahl, sondern auch auf die Wahl der empfängnisverhütenden Methoden, die jedes Ehepaar so vornehmen muss, wie sie der persönlichen Situation der Ehepartner am besten entspricht.

AK

Embryonen haben Menschenwürde

Warum kommt Embryonen auch im Labor Menschenwürde zu?

Die Bedeutung des Begriffs Menschenwürde, so wie er heute verwendet wird, geht vor allem auf den Philosophen Immanuel Kant (1724 – 1804) zurück. Würde ist eine nur dem Menschen, aber jedem Menschen zukommende Eigenschaft. Von der Sache her ist sie eine durchgängige Überzeugung der abendländischen Philosophie und Theologie von ihren Anfängen bis in die Gegenwart. Die Würde entzieht den Menschen der Abwägung. Man darf den Menschen nicht anderen Gütern oder Werten unterordnen.

Kant unterscheidet im Bereich menschlicher Zwecksetzungen zwischen dem, was einen Preis, und dem, was eine Würde hat: »Was einen Preis hat, an dessen Stelle kann auch etwas anderes, als Äquivalent, gesetzt werden; was dagegen über allen Preis erhaben ist, mithin kein Äquivalent verstattet [d.h., für das es nichts Gleichwertiges gibt], das hat eine Würde.« Der Grund dafür, dass die menschliche Natur Würde hat, liegt nach Kant in der Autonomie des Menschen, d.h., in seiner Fähigkeit, sich selbst in Freiheit einem (moralischen) Gesetz zu unterwerfen, also sittlich sein zu können.

Erst in jüngerer Zeit wurde an den aus der Würde gezogenen Schlussfolgerungen Kritik geübt. So hat etwa der zeitgenössische Philosoph Peter Singer die Frage aufgeworfen, ob Menschen, die noch nicht oder nicht mehr über diese Autonomie (Moralfähigkeit) verfügen, dieselbe Schutzwürdigkeit zukommen soll wie Menschen, bei denen dies der Fall ist. Konkret wendet sich Singer gegen das ausnahmslose Tötungsverbot von Embryonen sowic von Schwerkranken und Sterbenden. Damit denkt er zu Ende, was in unserer Gesellschaft eine wachsende Mehrheit findet. Auf Singer kann man entgegnen, dass es eine Identität des Menschen vom Beginn seines Lebens bis zu seinem Ende gibt. Der Mensch bleibt derselbe vom Beginn bis zum Ende des Lebens.

Aus christlicher Sicht ergibt sich noch ein weiterer Gesichtspunkt. Für den Christen resultiert die Würde aus der Gottebenbildlichkeit des Menschen. Sie zeichnet ihn vor allen anderen Geschöpfen aus und verleiht ihm eine besondere Schutzwürdigkeit, sie entzieht ihn der Abwägung. Für die Würde bzw. Gottebenbildlichkeit ist es unerheblich, ob das menschliche Leben auf natürlichem Weg im Körper der Frau oder auf künstliche Weise im Labor entstanden ist.

AK

Kinder religiös erziehen

Ab wann soll man mit der religiösen Erziehung der Kinder beginnen?

So früh wie möglich, am besten schon vor der Geburt eines Kindes. Natürlich ist das religiöse Erziehung im weitesten Sinn und eine Voraussetzung dafür. In der Erziehung kommt es auf das Vertrauen an, in dem Menschen aufwachsen und leben. Wenn Eltern ihr Kind vor der Geburt annehmen und mit Freude erwarten, überträgt sich das Gefühl der Geborgenheit auf das Kind. Und so beginnt die religiöse Erziehung und der Glaube: Kinder wissen sich angenommen und geliebt. Dass Gott sie annimmt und liebt, wird ihnen später gesagt. Ob sie es glauben, hängt an ihren frühen Erfahrungen. Bevor sie Gott vertrauen können, brauchen sie das Vertrauen zu ihren Eltern. Der Umgangsstil und der Umgangston zwischen Eltern und Kindern, die Familienfeste und die Glaubensfeste im Laufe des Jahres prägen den Sinn für das Religiöse. Entsprechend ihrem Alter, Interesse und Verständnis wachsen die Kinder stufenweise in den Glauben hinein. Dazu gehören feste Rituale wie das Beten, vor allem das Abendgebet, das Vorlesen biblischer Geschichten, der Besuch der Kirche, in der Kinder gern Kerzen anzünden. Wichtig ist, dass die Kinder Menschen erleben,

für die Glaube und Religion ganz selbstverständlich zum Leben gehören, also nicht aufgesetzt sind oder aufgesetzt wirken. »In einer
langweiligen Familie kann auch das religiöse Leben nur langweilig
sein« (Otto Betz).

Ein Zwang zum Glauben ist ein Widerspruch in sich. Das gilt auch
für kleine Kinder. Der Gang zur Kirche muss freiwillig bleiben.

Für den Glaubensweg von Menschen ist die Familie wichtig, aber
nicht immer selbstverständlich vorhanden. Auch Paten, Großeltern
und Gemeinden haben hier Aufgaben zu erfüllen. Ich kenne Kinder, die nur mit Müttern aufwachsen und nicht weniger tief glauben
als Kinder, die mit Mutter und Vater leben.

Besonders auf die religiöse Erziehung trifft zu, was der englische
Schriftsteller Gilbert Keith Chesterton (1874–1936) sagte: »Das ist
die einzige, wahre Erziehung: Von der Wahrheit einer Sache so
überzeugt zu sein, dass man wagt, sie einem Kind zu sagen.«

HK

Seelsorge für Demenzkranke

*Darf Menschen mit Demenz die Teilnahme am Gottesdienst und an den
Sakramenten verweigert werden? Welche Alternativen bietet die Kirche
an, wenn Gottesdienstbesuch und Sakramentenempfang von Seiten eines
Menschen mit Demenz nicht mehr möglich sind?*

Die Demenzerkrankung zeigt sich als »schleichender Verlust
der Persönlichkeit«. Das ist so grausam und entwürdigend, wie es
klingt. Zunehmend verlieren die Kranken Orientierung und Kontrol-
le über ihr Leben. Ängste nehmen überhand. Aus langer Beschäf-
tigung mit dementen Menschen unterscheidet man vier Phasen,
beginnend damit, dass immer weniger Eindrücke im Kurzzeitge-
dächtnis gespeichert werden, über ein ständiges schmerzvolles Um-

sich-selbst-Kreisen bis dahin, dass die eigenen Angehörigen nicht mehr erkannt werden. Zuletzt besteht keine Möglichkeit mehr festzustellen, ob die Kranken Impulse von außen verarbeiten können. Hauptziel von Therapie und Seelsorge ist es, die Persönlichkeit und Identität möglichst lange zu erhalten bzw. zu fördern. In den ersten Krankheitsphasen geschieht dies durch wiederholtes Erzählen wichtiger Lebensstationen und das Betrachten von Bildern, später wird die Stimulation durch Berührungen und Sinneseindrücke (Geschmack, Geruch, Geräusche) wichtiger werden, die etwas mit der eigenen Biografie zu tun haben. Sie erwecken bei den Patienten ein Wohlgefühl der inneren Übereinstimmung mit sich selbst.

Wer um diese Zusammenhänge weiß, wird Menschen mit Demenz niemals die Teilnahme am Gottesdienst und an den Sakramenten verweigern, sondern im Gegenteil oft (und solange es geht) ermöglichen. Denn das Ritual hat für sie einen hohen Stellenwert. Lieder, Gebete und Handlungen, die seit langer Zeit verinnerlicht sind, werden oft auch von stark dementen Patienten erinnert und mitvollzogen. Sie vermitteln Orientierung und das Gefühl von Sicherheit. Die Kraft der Sakramente (besonders der heiligen Kommunion und der Krankensalbung) liegt darin, dass sie in Worten und Zeichen die Nähe Gottes vermitteln, durch die sich die Kranken in ihrer Ohnmacht angenommen erfahren. Seelsorger berichten, wie Menschen dadurch auf ganz unerhörte Weise berührt werden. Da wird greifbar, wie Jesus – gegenwärtig in seiner Passion – mit den Leidenden solidarisch ist. Sie dürfen ihr Leben in Gottes Hand eingebettet sehen, und dies unabhängig davon, ob sie es mit Bewusstsein nachvollziehen können oder eher unbewusst verspüren.

Wenn die Teilnahme am gemeinschaftlichen Gottesdienst nicht mehr möglich ist, wird der Krankenbesuch des Priesters, des Diakons oder eines Mitarbeiters der Gemeinde zu einem Ausdruck der christlichen Mitsorge für den Kranken und für die pflegenden Angehörigen. Ihnen gibt ein ermunterndes Wort wohltuende Aufmerksamkeit. Durch die heilige Kommunion können sie Stärkung und Trost für ihren schweren Dienst erfahren. Kann ein Patient die Krankenkommunion nicht mehr empfangen, so wird der Seelsorger bei seinem Besuch zuhause oder im Pflegeheim vertraute Gebete sprechen, Lieder singen, die Hand des Kranken halten, Stirn und Hände mit Weihwasser segnen und die Verwandten und Pflegekräfte ermuntern, dies auch sonst immer wieder zu tun.

GB

Böses Mittel – guter Zweck

Darf man Böses tun, damit Gutes daraus entsteht? Heiligt der Zweck die Mittel?

»**D**er Zweck heiligt nicht das Mittel«, sagt das Sprichwort. Die Redeweise »Man darf Böses nicht tun, auch wenn Gutes daraus entsteht« geht auf ein Paulus-Zitat (Röm 3, 8) zurück: »Gilt am Ende das, womit man uns verleumdet und was einige uns in den Mund legen: Lasst uns Böses tun, damit Gutes entsteht?« Paulus weist den Gedanken, dass man Böses tun darf, damit Gutes daraus entsteht, als Verleumdung zurück.

Was ist mit diesen beiden Sätzen gemeint und was nicht? Man darf nichts Böses tun, man darf kein moralisches Übel verursachen, ein nicht-moralisches dagegen schon. Diese Unterscheidung verweist auf das in der moraltheologischen Tradition entwickelte Prinzip von der Handlung mit doppelter Wirkung. Dieses Prinzip nennt vier Bedingungen für die Erlaubtheit einer Handlung, aus der eine gute und eine schlechte Wirkung hervorgehen. Die vier Bedingungen lauten: 1. Die Handlung darf nicht in sich schlecht sein. Damit ist die Anwendung des Prinzips auf einige wenige so genannte in sich schlechte Handlungen ausgeschlossen. Um ein aktuelles

Beispiel für eine in sich schlechte Handlung zu nennen: Es besteht eine breite Übereinstimmung darüber, dass Folter unter keinen Umständen erlaubt ist. In diesem Sinn kann man Folter als eine in sich schlechte Handlung bezeichnen. 2. Die üble Wirkung darf nicht Mittel für einen guten Zweck sein. 3. Die üble Wirkung darf nicht direkt intendiert sein. Das heißt, die üble Wirkung darf nicht beabsichtigt sein; der Handelnde muss die gute Wirkung wollen, die üble darf er lediglich zulassen oder in Kauf nehmen. 4. Die üble Wirkung erfordert einen entsprechenden Grund.

Um das Gesagte an einem konkreten Fall zu erläutern: Ein Arzt, der eine Amputation vornimmt, verursacht damit ein Übel, allerdings ein nicht-moralisches. Nach den Bedingungen des zitierten Prinzips darf er einen solchen Eingriff vornehmen. 1. Eine Amputation ist keine in sich schlechte Handlung. 2. Die Heilung oder Lebensrettung erfolgt gleichursächlich mit dem Verlust des Körperteils. Das eine folgt nicht aus dem anderen, sondern beides ergibt sich zugleich aus der Operation. 3. Der Arzt muss die Lebensrettung oder Heilung wollen. Würde er dagegen aus Sadismus handeln, wäre sein Tun verwerflich. Es wäre nicht falsch, aber böse. 4. Eine Amputation nimmt man nur aus einem entsprechend schwer wiegenden Grund vor, wenn es darum geht, Leben zu retten oder eine schwere Krankheit abzuwenden, die anders nicht geheilt werden kann.

AK

Ganz nah am Tod

Geben Nahtod-Erfahrungen wirklich Anhaltspunkte für ein »Leben nach dem Tod«?

Nahtod-Erfahrungen sind in der Tat erstaunliche Phänomene. Menschen, die einen Unfall hatten oder schwer krank waren und dabei an der Schwelle des Todes standen, aber überlebten, berichten häufig von ganz ähnlichen Erlebnissen: vom Verlassen des Körpers, vom Durchlaufen eines Tunnels, von der Begegnung mit Verstorbenen, von einem Überblick über das eigene Leben, von Licht, von Frieden. Die Übereinstimmung dieser Erfahrungen ist bemerkenswert. Für die Betroffenen haben sie oft große Bedeutung. Sie können die Einstellung zum Leben verändern. Auf verschiedenen Wegen haben Berichte über solche Erfahrungen eine weite Verbreitung gefunden.

Manche nun wollen aus diesen Erlebnissen auf ein Leben nach dem Tod schließen. Ein solches Vorhaben steht allerdings in der Gefahr einer unzulässigen Grenzüberschreitung. Berichte von Menschen, die dem Tod nahe waren, können keine Beweise für ein Leben nach dem Tod liefern. Zum einen stellt der Tod, wann immer wir ihn genau anzusetzen haben, eine grundsätzliche Grenze unseres Erkennens dar. Zum anderen ist der Tod unumkehrbar. (Insofern ist im Übrigen die Rede vom »klinischen Tod« zumindest missverständlich.) Die erwähnten Berichte stammen von Lebenden, nicht von Toten.

Bedeutungslos sind diese Berichte aber damit nicht. Sie dürfen durchaus als Hinweise verstanden werden. Manche der geschilderten Erfahrungen erlauben eine religiöse Deutung. Sie können als Zeichen der Zuwendung Gottes auch im Sterben aufgefasst werden. Glaubend dürfen wir darauf vertrauen, dass diese Zuwendung jenseits des Todes Bestand hat.

In eine andere Richtung gehen Bestrebungen, Nahtod-Erfahrungen naturwissenschaftlich zu erhellen. Die Forschungen über die Abläufe im Gehirn sind außerordentlich interessant, aber sie führen im Blick auf die gestellte Frage nicht weiter. Sie können letztlich keine Aussage darüber machen, ob diesen zweifellos echten Erlebnissen eine Realität entspricht.

Wir Menschen können nur menschliche Erfahrungen machen. Gleichwohl dürfen wir diese auf Zusammenhänge beziehen, die jenseits unserer Erfahrungswelt liegen. Insofern können Nahtod-Erlebnisse »Anhaltspunkte« für ein Leben nach dem Tod liefern. Sie sind aber keine Beweise, allenfalls Hinweise – und sie lassen andere Interpretationen zu.

AK

Totenruhe

Störung der Totenruhe – Was bedeutet das eigentlich?

Im Herbst 2006 gelangten Fotos an die Öffentlichkeit, die zeigen, wie sich deutsche Soldaten in Afghanistan zu erschreckendem Unsinn haben hinreißen lassen. Einem Totenschädel eine Armeemütze aufzusetzen, ihn wie eine Trophäe am Fahrzeug zu befestigen oder wie bei einer Hinrichtung eine Schusswaffe daran zu halten, muss als respektloser Umgang mit den sterblichen Überresten eines Menschen gebrandmarkt werden. Die Soldaten waren sich wohl nicht bewusst, wie sehr sie mit ihrem Tun Menschen in einer muslimischen Kultur provoziert haben. Sie hätten es wissen können, denn ihr Handeln widersprach einem Verständnis, das durch die ganze Menschheitsgeschichte hindurch Bestand hat. Gemeint ist die »Totenruhe«, die in unserem Land auch gesetzlich geschützt ist.

Im § 168 des Strafgesetzbuches heißt es: »Wer unbefugt aus dem Gewahrsam des Berechtigten den Körper oder Teile des Körpers eines verstorbenen Menschen, eine tote Leibesfrucht, Teile einer solchen oder die Asche eines verstorbenen Menschen wegnimmt oder wer daran beschimpfenden Unfug verübt, wird mit Freiheitsstrafe bis zu drei Jahren oder mit Geldstrafe bestraft. Ebenso wird bestraft, wer eine Aufbahrungsstätte, Beisetzungsstätte oder öffentliche Totengedenkstätte zerstört oder beschädigt oder wer dort beschimpfenden Unfug verübt.« Das also ist im Einzelnen mit der »Störung der Totenruhe« gemeint.

Kulturelle Prägungen, insbesondere aber religiöse Vorstellungen spiegeln sich im Umgang mit dem toten Leib eines Menschen. Für Christen ist er wesentlich bestimmt durch den Glauben an die Auferstehung der Toten und an die Erlösung des Leibes, die durch Jesus Christus bereits begonnen hat. Nicht die Seele allein, sondern der ganze Mensch mit Leib und Seele ist nach der Auferstehung und dem Gericht zum Leben bei Gott berufen. Deshalb haftet dem Leib eines Menschen etwas Heiliges an, das durch den Tod nicht einfach aufgehoben wird. Aus diesem Grund wird der Leichnam eines Verstorbenen auch in die christliche Totenliturgie in ihrer vollen Form einbezogen: er wird aufgebahrt, gesegnet, ist beim Totengebet und beim Sterbeamt präsent; auf seinem letzten irdischen Weg wird er geleitet und beerdigt; das Grab wird zum Gebet aufgesucht und gepflegt; das Jahrgedächtnis für den Verstorbenen wird liturgisch mit einer heiligen Messe begangen. Diese würdevollen Riten erheben den Leichnam zum darstellenden Zeichen für das Geschick des Menschen überhaupt: Er geht seinen Weg durch die Tage des Lebens hin zur Vollendung bei Gott und ist dabei in der Gemeinschaft der Kirche verbunden mit vielen Schwestern und Brüdern, die helfend und betend diesen Weg begleiten.

Die Veränderungen in der Begräbniskultur hierzulande müssen vor diesem Hintergrund bewertet werden. Sie sind auch Auswirkung von Veränderungen im Bild vom Menschen. Zugleich fördern sie eine »Fühllosigkeit« im Umgang mit dem Tod und den Toten, die auf Dauer für die Lebenden nicht ohne schädliche Auswirkung bleiben kann. Wer im christlichen Glauben verwurzelt ist, weiß, wie man mit einem Toten umgeht – und sei es auch kein Leichnam mehr, sondern nur noch die blanken Knochen. Diesen Glauben gilt es zu beleben.

GB

Woran man eine Sekte erkennt

Woran kann man eine Sekte erkennen bzw. unterscheiden?

Sekten sind religiöse Gemeinschaften, die exklusiv (ausschließend) und fundamentalistisch ausgerichtet sind. Sie weisen meist starke autoritäre Strukturen in ihrem Inneren und eine abgrenzende Grundhaltung nach außen auf. Das Wort Sekte kommt vom lateinischen »secta« (»Richtung«) bzw. »sequi« (»folgen«). Gemeint ist, dass eine Gruppe von Menschen einer bestimmten inhaltlichen Richtung folgt. Manchmal findet man die Herleitung von lateinisch »secare« (»abschneiden«, »abtrennen«), was zwar falsch ist, aber den Sinn des Wortes trifft, so wie es heute verwendet wird.
Der Begriff Sekte ist eindeutig negativ besetzt. So dürfte es keine Gruppierung geben, die sich selbst als Sekte bezeichnet. Sekte ist eine Beschreibung von außen. Vor allem die Freikirchen legen großen Wert darauf, keine Sekten zu sein. Will man die negative Bewertung bewusst vermeiden, spricht man etwa von Sondergemeinschaften oder -gruppen.
Historisch betrachtet verläuft die Geschichte der (christlichen) Sekten weitgehend parallel zu der der Häresien (Irrlehren) und Schismen (Spaltungen). Sekten entstehen häufig durch Abspaltungen. Die Grenzen zwischen den Volkskirchen und den Freikirchen auf der

einen Seite und den Sekten auf der anderen sind, das darf man nicht verschweigen, fließend. Das will sagen: Volkskirchen und Freikirchen sind nicht frei von der Gefahr sektiererischer Tendenzen. Trotzdem dürfen die Unterschiede zu den Sekten nicht übersehen werden.

Die Kennzeichnung einer religiösen Gemeinschaft oder Gruppe als Sekte will auf Defizite in der Theorie und in der Praxis aufmerksam machen und nicht die Mitglieder diskreditieren.

Um das Gesagte an einem Beispiel zu erläutern: Die Zeugen Jehovas können als Sekte bezeichnet werden. Sie haben eine abgrenzende Haltung gegenüber der »Welt«, autoritäre Strukturen, eine exklusive und fundamentalistische Übersetzung und Interpretation der Bibel. Damit ist nicht gesagt, dass alles falsch sei, was die Zeugen Jehovas vertreten, oder dass ihre Überzeugung nicht glaubwürdig und ihr Eifer nicht oft beeindruckend sei. Aber es wird mit der Bezeichnung als Sekte eben, wie ich meine, berechtigte Kritik geübt.

AK

Neuapostolische Kirche

Gehören neuapostolische Christen nach unserer Auffassung einer Sekte an? Oder gehören sie zu einer Gruppierung innerhalb unserer Kirche?

Der Begriff »Sekte« bezeichnet religiöse Gemeinschaften mit einer fundamentalistischen Ausrichtung, autoritären Strukturen und einer abgrenzenden Grundhaltung. Da der Begriff negativ besetzt ist, weisen entsprechende Gruppierungen eine solche Kennzeichnung weit von sich.

Die Neuapostolische Kirche gehört zu den Gemeinschaften, die in der Erwartung der nahen Wiederkunft Jesu Christi leben und die das Apostelamt wieder eingeführt haben. Ihr Ursprung liegt in den 30er Jahren des 19. Jahrhunderts in England.

An der Spitze der Neuapostolischen Kirche steht der so genannte Stammapostel. Er besitzt uneingeschränkte Autorität. Ihm folgen Bezirksapostel, Apostel und eine ganze Reihe weiterer Ämter. Die Apostel spenden das Sakrament der Versiegelung, das die Gabe des Heiligen Geistes vermittelt. Die beiden anderen Sakramente – Taufe und Abendmahl – können auch von anderen Amtsträgern gespendet werden.

Der Name »Neuapostolische Kirche« wurde erst 1938 eingeführt. Der damalige Stammapostel verkündete, dass er die Wiederkunft Jesu Christi noch selbst erleben werde. Als er 1960 starb, erklärte sein Nachfolger, dass Gott aus unerforschlichen Gründen noch eine Gnadenfrist gewähre.

Aussteiger üben zum Teil massive Kritik an repressiven Strukturen. Zweifel an den Aussagen des Stammapostels werden als Sünde gegen den Heiligen Geist angesehen. Wer das Apostelamt ablehnt, kann nicht in das Reich der Herrlichkeit eingehen. Lesenswert in diesem Zusammenhang ist das Buch von Olaf Stoffel »Angeklagt: Die Neuapostolische Kirche«. Der Autor war 17 Jahre Mitglied der Neuapostolischen Kirche, davon zehn Jahre als Priester.

Kritisch lässt sich weiter anmerken, dass die Neuapostolische Kirche keinerlei Ausbildung ihrer (meist ehrenamtlichen) Amtsträger vorschreibt. Auch lässt sich aus dem Neuen Testament nicht ablesen, dass das Apostelamt eine dauerhafte Einrichtung sein soll. Die Neuapostolische Kirche versteht sich als einzig wahre Kirche der Endzeit.

Die Neuapostolische Kirche ist keine Gruppierung innerhalb der katholischen Kirche. Gleichwohl lassen sich auch in der Neuapostolischen Kirche Elemente von Kirchlichkeit ausmachen. Die Neuapostolische Kirche gehört nicht der Arbeitsgemeinschaft christlicher Kirchen (ACK) an und unterhält keinerlei ökumenische Beziehungen. Die Einsetzung einer »Ökumene-Kommission« durch den Stammapostel und erste Gespräche mit der ACK lassen hoffen, dass die Neuapostolische Kirche sich auf den Weg zu den anderen Kirchen begibt. Das wird allerdings noch viel Zeit brauchen. Die wenigen Andeutungen zu Geschichte, Organisation und Lehre legen es nahe, die Neuapostolische Kirche als Sekte zu bezeichnen. Damit wird Kritik an den Strukturen, nicht an den Mitgliedern geübt.

AK

Adventisten

Mit großem Interesse habe ich in der Kirchenzeitung den Beitrag über neuapostolische Christen gelesen. Ganz besonders interessieren mich die »Adventisten«.

Ursprünglich waren die Adventisten eine überkonfessionelle endzeitliche Bewegung. Heute sind sie – nach eigenem Anspruch – eine evangelische Freikirche, was aber konfessionskundlich durchaus umstritten ist. Dazwischen waren sie eine radikale Sekte, und noch heute haben sie radikale Flügel. Die Adventisten entstanden im 19. Jahrhundert. Ein baptistischer Prediger, William Miller, hatte in den Vereinigten Staaten von Amerika für 1843/44 die Wiederkunft Jesu Christi und damit das Ende der Welt aus der Bibel vorausgesagt. Eine wichtige Rolle spielte in der Anfangszeit auch die »Prophetin« Ellen Gould White mit ihren »Visionen«. Der Name »Adventisten« leitet sich vom lateinischen »Adventus«, auf Deutsch »Ankunft«, ab. Gemeint ist die zweite Ankunft Jesu Christi. Von »Adventus« kommt auch unser Wort »Advent«.
Nachdem die vorausgesagte Wiederkunft Jesu Christi ausblieb, war die Enttäuschung groß. Die Bewegung zerfiel in verschiedene Splittergruppen. Lediglich die 1863 gegründete Gemeinschaft der Siebenten-Tags-Adventisten erlangte eine bleibende Bedeutung. Diese Bezeichnung rührt von der Betonung der Bedeutung des

Sabbats, also des siebten Tags der Woche, her. Die Sabbatlehre folgt aus einem strengen Biblizismus und ist der wichtigste Unterschied zu den anderen Kirchen bis heute. Die Sonntagsheiligung wird als widergöttliche Einrichtung abgelehnt. Hinzu kommt das Streben nach Heiligung und Gebotserfüllung.

Die Siebenten-Tags-Adventisten, im Folgenden kurz: Adventisten, orientieren sich sehr stark an der Bibel und erwarten nach wie vor die nahe bevorstehende Wiederkunft Jesu Christi, auch wenn sie sich nicht mehr auf einen Termin festlegen. 1844 habe im »Himmlischen Heiligtum« das Gericht begonnen. Die Adventisten kennen zwei Sakramente: Taufe und Abendmahl. Sie betreiben soziale Einrichtungen, Verlage, Krankenhäuser, Schulen und Hochschulen. Ihre Prediger bilden sie gründlich aus. Die Gemeinschaft der Siebenten-Tags-Adventisten in Deutschland ist Gastmitglied der Arbeitsgemeinschaft Christlicher Kirchen (ACK) und der Vereinigung Evangelischer Freikirchen (VEF). Auf örtlicher Ebene bestehen einzelne Kontakte zur Evangelischen Allianz. Im weltweiten Ökumenischen Rat der Kirchen (ÖRK) dagegen sind die Adventisten nicht vertreten. Insgesamt ist das ökumenische Interesse nicht sehr stark, dafür ein missionarisches Bewusstsein. Die Adventisten praktizieren die Erwachsenen- oder Glaubenstaufe. Als Kinder in anderen Kirchen Getaufte müssen vor der Mitgliedschaft noch einmal getauft werden (Wiedertaufe). Das hängt damit zusammen, dass sie die anderen Kirchen nicht anerkennen, wenn sie auch einräumen, dass es dort ebenso wahre Christen gibt. Die Adventisten expandieren vor allem in Südamerika, Afrika und Asien. Weltweit gibt es nach eigenen Angaben (www.adventisten.de) über 15 Millionen Adventisten (nach anderen Quellen etwa 10 Millionen), in Deutschland sind es 35 000.

AK

Lola-Prinzip widerspricht dem Christentum

Was steckt hinter dem Lola-Prinzip von René Egli? Ist es mit dem christlichen Glauben vereinbar?

»Lola«, eigentlich »LOL^{2}A« ist eine formelhafte Abkürzung und steht für »Loslassen x Liebe im Quadrat x Aktion = Reaktion«. Der Schweizer René Egli fasst mit dieser Formel eine Theorie zusammen, die nicht weniger als die Lösung aller Probleme verheißt. Er schreibt: »Das LOL^{2}A-Prinzip zeigt Ihnen, wie Sie Ihre Ziele immer schneller und schneller erreichen können – mit immer weniger Aufwand.« Eglis Theorie will eine umfassende Problemlösungsmethode sein, stets und überall anwendbar. In der Schweiz sind seine Bücher Bestseller. Bei uns erscheinen sie in einem Verlag, der nicht nur Titel aus der Sekten- und Esoterikszene herausbringt, sondern auch durch rechtsextreme Literatur aufgefallen ist. Auch in Seminaren und im Internet verbreitet Egli sein Gedankengut. Mit den biblischen Erzählfiguren von Doris Egli hat das Ganze nichts zu tun.

Es ist nicht einfach, die Kerngedanken des Lola-Prinzips zu skizzieren. Zwar kommt es wissenschaftlich daher, ist aber vielfach widersprüchlich oder einfach nur wirr. Beginnen wir hinten: »Aktion = Reaktion« meint vor allem, dass jeder für sein Ergehen selbst verantwortlich ist. Mitleid sei daher in keiner Weise angebracht. Jeder erfahre genau das, was ihm Kraft seiner Gedanken zustehe. Wie andere betont Egli die Macht positiven Denkens. Armut oder Reichtum, Krankheit oder Gesundheit, Misserfolg oder Erfolg seien selbst verursacht. »Liebe« bedeutet in diesem Kontext vor allem Selbstliebe. Und »Loslassen« heißt, das, was ist, zu akzeptieren. Egli geht von der Geltung seines Prinzips über den Tod hinaus und von Wiedergeburt aus.

Das Lola-Prinzip ist eine dem Christentum widersprechende Anschauung. Vor allem fehlt ihm jede soziale Komponente. Das eigene

Schicksal wird als selbstverschuldet angesehen. Angesichts des Leids in der Welt mutet das zynisch an. Die christliche Moral reagiert auf das Leid mit der Forderung nach tätiger Nächstenliebe.
Sektenexperten haben darauf aufmerksam gemacht, dass das Lola-Prinzip anfällig ist für totalitäre Ideologien. Ein »loslassender« Mensch sei der perfekte Befehlsempfänger.

AK

Gott liebt seine Geschöpfe

»Gottes Auge ruht auch auf den Tieren.« Die in einer solchen Überschrift unterstellte Liebe Gottes zu seinen Geschöpfen vermag ich in der Tierwelt mit ihrem brutalen Kampf ums Dasein nicht zu erkennen. Auch Paulus mag das gedacht haben, als er schrieb, dass die Schöpfung »seufzt und in Wehen liegt«. Die christliche Lehre spricht von der Zerstörung des paradiesischen Zustands durch den Sündenfall der Menschen. Was ist damit gemeint, und warum müssen darunter alle späteren Generationen und sogar die schuldunfähigen Tiere leiden?

Dass in der Tierwelt ein, wie Sie sagen, brutaler Kampf ums Dasein herrscht, lässt sich nicht bestreiten. Tiere töten im Kampf um ihr Dasein, um das eigene Überleben und das der Art. Weshalb sollte auf Tieren nicht das Auge Gottes ruhen, wohl aber auf Menschen, die nicht nur töten, um zu leben, sondern ebenfalls aus Rache, Hab- und Machtgier? »Gottes Auge ruht auch auf den Tieren.« Gerade in unserer Zeit sind wir für solche Gedanken empfänglich und sensibel geworden, sehen wir doch in den Tieren unsere Mitgeschöpfe, die der Schöpfer unserer Verantwortung anvertraut hat.
Durch die so genannte Ursünde, den Ungehorsam der Menschen gegenüber Gott, kommt es zwischen den Menschen und Gott zu

einer Entfremdung, unter der die Menschen und mit ihnen die ganze Schöpfung leiden. Jeder Mensch ist in diese Welt hineingeboren und wird von der Welt, der Geschichte, der Kultur, der Gesellschaft geprägt. Egoismus, Ungerechtigkeit, Lüge, Vorurteile, Missbrauch von Macht – alles das finden wir vor, wenn wir geboren werden, wir leiden darunter, obwohl wir es nicht verursacht haben. Im 8. Kapitel des Römerbriefs, aus dem Sie zitieren, spricht Paulus von der Vergänglichkeit der Schöpfung und von der Hoffnung, die Gott ihr gab. »Auch die Schöpfung soll von der Sklaverei und Verlorenheit befreit werden zur Freiheit und Herrlichkeit der Kinder Gottes« (8, 21). Ein überaus optimistischer Text: Gott hat der ganzen Schöpfung Hoffnung geschenkt. »Gott lässt die schuldlose Natur nicht vergeblich schreien« (Paul Althaus), er will nicht das Leiden, nicht das der Menschen und nicht das der Tiere. Für Paulus stehen die Welt und die Menschen in einer Schicksalsgemeinschaft, und die Schöpfung hat Anteil an der Erlösung. »Mit den Menschen wird die Welt erlöst« (Althaus). In einem so umfassenden Sinn ist Jesus Christus der »Welterlöser«.

HK

Zuneigung zu Tieren

Im Katechismus der Katholischen Kirche las ich unter Nr. 2418, dass man Tieren keine Zuneigung schenken solle, weil man diese nur den Menschen schulde. Unsere Jagdhunde bringen viel Freude in unser Haus. Ist es für Christen nicht erlaubt, ihnen Zuneigung zu schenken.

Im »Katechismus der Katholischen Kirche« heißt es wörtlich: »Man darf Tiere gern haben, soll ihnen aber nicht die Liebe zuwenden, die einzig Menschen gebührt.« Ich lese daraus nicht, dass man Tieren keine Zuneigung schenken solle, weil man diese nur Menschen schulde. Selbstverständlich dürfen Menschen Tiere gern haben, sie also lieben. Der Katechismus will wohl sagen, dass die Liebe zu Tieren nicht dasselbe ist wie die Liebe, die Menschen gebührt. Aber in der Liebe unter Menschen gibt es ja ebenfalls Unterschiede. Ein ausdrückliches Liebesgebot für Tiere haben wir nicht. Das Gebot der Nächstenliebe verpflichtet zur Liebe zum nächsten Menschen, nicht zu Tieren. Trotzdem dürfen Menschen Tiere lieben. Sie haben für Menschen oft eine große emotionale Bedeutung, und wie viel Freude sie bringen können, weiß ich aus eigenem Erleben.

Im Katechismus umfasst das Kapitel »Achtung der Unversehrtheit der Schöpfung« vier Abschnitte (Nummern), von denen drei ausschließlich das Thema Tiere behandeln. In Nr. 2416 heißt es: »Tiere sind Geschöpfe Gottes und unterstehen seiner fürsorgenden Vorsehung. Schon allein durch ihr Dasein preisen und verherrlichen sie Gott. Darum schulden ihnen auch die Menschen Wohlwollen. Erinnern wir uns, mit welchem Feingefühl die Heiligen, z.B. der hl. Franz von Assisi und der hl. Philipp Neri, die Tiere behandelten.« Wohlwollen, Feingefühl, Zuneigung und Fürsorge sind Formen und Zeichen von Liebe, die Menschen Tieren durchaus zeigen dürfen und – so meine ich – schulden.

Etwas unklar finde ich die Formulierung des Katechismus in Nr.

2418: »Auch ist es unwürdig, für sie (d.h. Tiere) Geld auszugeben, das in erster Linie menschliche Not lindern sollte.« Wer zum Beispiel Haustiere hat, gibt für deren Nahrung und den Tierarzt Geld aus, was der Verpflichtung der Menschen für die Tiere entspricht, denen Leiden erspart werden sollen. Insgesamt macht das Kapitel im Katechismus einen ausgewogenen Eindruck. Manche Formulierung scheint sich gegenüber einer übertriebenen Tierliebe abgrenzen zu wollen. Keinesfalls soll Ihnen die Zuneigung zu Ihren Hunden verboten und die Freude mit den Tieren genommen werden.

HK

AUTOREN

Georg Bätzing

geboren 1961, aufgewachsen in Niederfischbach (Sieg). 1980 bis 1985 Studium der Theologie in Trier und Freiburg. Priesterweihe 1987. Nach seelsorglicher Tätigkeit in St. Wendel, Klausen und Koblenz von 1990 an Mitarbeit in der diözesanen Priesterausbildung, Promotion zum Dr. theol. Seit 1996 Regens des Bischöflichen Priesterseminars Trier. Leiter der Berufseinführung der Kapläne. Geistlicher Beirat der Wochenzeitung im Bistum Trier »Paulinus«.

Albert Käuflein

geboren 1960 in Karlsruhe. 1981 bis 1986 Studium der Theologie in Freiburg und Mainz, Abschluss als Diplomtheologe. Seit 1987 einer der Katholischen Beauftragten des Erzbistums Freiburg für privaten Hörfunk. 1989 bis 1994 Wissenschaftlicher Mitarbeiter an der Universität Mainz, Promotion zum Dr. theol. Seit 1994 Leiter des Roncalli-Forums Karlsruhe, eines Bildungszentrums der Erzdiözese Freiburg. Freier Mitarbeiter des »Konradsblattes«, der Wochenzeitung des Erzbistums Freiburg, sowie der »Tagespost«. Mitherausgeber der Reihe »Karlsruher Beiträge zu Theologie und Gesellschaft«.

Horst Krahl

geboren 1939, aufgewachsen in Friedrichsdorf (Taunus), Studium der Theologie in Frankfurt (Sankt Georgen), München und Münster. Priesterweihe 1968. Kaplan im Rheingau, Subregens am Priesterseminar in Limburg, Assistent in Sankt Georgen, Pfarrer in Wiesbaden, Theologischer Berater der Kirchenzeitung des Bistums Limburg »Der Sonntag«, Bischöflicher Beauftragter für den Ständigen Diakonat. Seit 2006 Regens des Bischöflichen Priesterseminars in Limburg.